改憲ではなく、憲法を活かすために

日本国憲法の核心

法学館憲法研究所［編］

（50音順）
伊藤　真
浦部法穂
木下智史
白取祐司
白藤博行
水島朝穂
村井敏邦
森　英樹
［著］

日本評論社

『日本国憲法の核心』の刊行にあたって

法学館憲法研究所

日本国憲法は二〇一七年五月三日に施行七〇年を迎えます。
日本国憲法はこれまでさまざまな逆風や攻撃にもさらされてきましたが、その中心である国民主権、基本的人権の尊重、そして平和主義などの理念と価値はこの七〇年の間に大多数の国民の意識と生活の中に根づいています。

ところが、二〇一七年初頭に安倍首相は「新しい時代にどのような憲法がふさわしいのか。国会の憲法審査会で野党第一党の党首も『議論していきたい』と言っているので、議論が深められ、具体的な姿が現れてくることを期待したい」と訪問先のベトナムでの記者会見で述べた、と報道されました（二〇一七年一月一七日産経新聞）。

これまで安倍首相は、第一次政権の際に「国民投票法」を成立させ、第二次の現政権下で記憶に新しい「安保関連法制」を強行採決する（二〇一五年九月一九日）など、彼が狙う憲法「改正」の下準備を着々と進めてきました。

そして安倍首相は、二〇一六年の参院選の結果、「改憲勢力」が三分の二を超え、結果、衆参ともに三分の二を超えたこの期に乗じて憲法「改正」を本気で実現しようと考え始めています。それが先の会見での発言に現れた本音です。

そのために、国会内でひとくくりにできない改憲勢力を抱き込むべく、あの手この手で憲法「改正」への同意を狙っています（「維新の会」提案の幼稚園から高校まで教育の無償化案に安倍首相が理解をしめしたという報道もあります）。

それに加え、マスメディアの一部には憲法「改正」が前提かのような印象を国民に与えかねない報道を繰り返しており、この国では日本国憲法の「改正」が現実的にスケジュール化したかのようなムードが作られつつあるといっても過言ではないでしょう。

しかしいま、冷静に日本国憲法に照らしてこのような事態やムードを検証することが必要です。

まず、安倍首相や「改正」を望む国会議員たちが憲法「改正」を彼らの手で必ず実現するかのような発言をしていますが、本当にこうした発言が許されていいのでしょうか。

国会両院で改憲勢力が三分の二を得たことで、確かに国会で憲法「改正」の発議はできるかもしれません。しかし憲法九六条は「……国会が、これを発議し、国民に提案してその承認を経なければならない。この承認には、特別の国民投票又は国会の定める選挙の際行はれる投票において、その過半数の賛成を必要とする」と規定しています。その真意は「国民の過半数が納得しなければ憲法改正はできない」ということです。

つまり、憲法改正を行うかどうかで最も重要なことは、まず国民が本当に日本国憲法を改正すべきと望んでいるかどうかの確認が前提であり、仮に必要と考えている場合には、国民の権利擁護のための改正なのかどうかが検証されなければならないということです。

そうでなければ、主権者である国民の意思表示は正しく行使されません。

しかし現実は、安倍首相、安倍政権や国会議員の望む憲法「改正」議論だけが先行しており、国民の意思はなおざりか、無視されているという本来あり得ない状況にあります。

さらにいえば、憲法九八条には「天皇又は摂政及び国務大臣、国会議員、裁判官その他の公務員は、この憲法を尊重し擁護する義務を負ふ。」とあり、本来憲法を擁護する義務のある首相をはじめとする大臣や国会議員はその義務を誠実に実行したかどうかが問われなければならないにもかかわらず、逆に率先して憲法「改正」を公言することは、どうみても異常なことであり、立憲主義にも反します。

さて、法学館憲法研究所は二〇〇二年に設立され、二〇一七年に一五周年を迎えます。

これまで日本国憲法の理念を実現するために、日本国憲法を系統的に研究し、個人の尊重の実現を目指すためにさまざまな取り組みを行ってきました。

かつてないレベルで改憲勢力が日本国憲法「改正」の実現に強く邁進しているこの時期だからこそ、日本国憲法の理念と価値を改めて社会に広め、主権者である国民一人ひとりが憲法と真摯に向き合うことが最も必要な時期と考えています。

そこで、七〇年を経た日本国憲法とこの国の歴史を踏まえて、日本国憲法の骨格の中心となってきた理念や価値の核心と真意をいま一度、現実社会にどう実現すべきかを考えてみるための取り組みの一つとして本書を企画しました。

本書は、所長の伊藤真、研究所員の顧問、客員研究員だけでなく、認識を共有する諸先生方にそれぞれのテーマごとに「日本国憲法の核心」を示していただきました。

本書の各論稿の中から、「日本国憲法の核心」に触れていただき、一人ひとりの方が能動的に主権者の権利を行使する時と考えていただければ、日本国憲法の価値と理念を活かすことができる社会の実現につながっていくものと確信しております。

そうした想いを読み取っていただければ幸甚です。

二〇一七年　憲法施行七〇年を目前にして

日本国憲法の核心——改憲ではなく、憲法を活かすために［目次］

日本国憲法の核心

――改憲ではなく、憲法を活かすために

2015年7月14日日比谷野外音楽堂にて、安全保障関連法案に反対する人々（提供：共同通信社）

対談　日本国憲法の核心をみる

浦部　法穂　神戸大学名誉教授、法学館憲法研究所顧問
森　英樹　名古屋大学名誉教授、法学館憲法研究所研究員

●イントロ●　日本国憲法に少しでも関心のある人へ

――日本国憲法は二〇一七年五月に施行七〇年を迎えます。憲法がいろいろな時期に『改正』の嵐にさらされながら、歴史を積み上げてきたという感じがしますが、一方でこの間、安倍政権は二〇一四年の集団的自衛権の行使容認の閣議決定、二〇一五年の安保関連法制の強行採決による憲法九条に抵触あるいは反する政策を推し進め、今は自民党憲法草案を下敷きに憲法「改正」草案の準備をしているといわれています。

こうした憲法の存在が問われる時代に少しでも日本国憲法に関心のある人に憲法とどう向き合うべきか、現在の憲法にかかわる議論の何が問題なのかなどを中心にお話しいただけますか。

浦部　いまほど、右翼勢力、それも旧憲法体制を理想としそれに引き戻そうとする「極右勢力」が大手を振って表にしゃしゃり出ている時代は、日本国憲法下のこの七〇年間、なかったと思います。単に政治の場でというだけでなく、社会全体のいろんな場面で、そういう勢力が増長している。それは、首相の安倍氏がそういう考えの持ち主で、権力の後ろ盾を得たからです。そして、そういう勢力が、いま「改憲」を主導している。「改憲」勢力というのは、つまり旧体制への回帰を目論んでいるのです。時代に合わなくなった部分があるとか、安全保障環境が変化したとか、「改憲」の必要性についていろんなことが言われますが、最後の目的は旧憲法体制への回帰なのです。そのことを、まず、認識する必要があると思います。

二〇一七年は、憲法施行七〇年ですが、同時に「大政奉還一五〇年」にもあたるということで、それとの絡みで「明治」を懐かしむような雰囲気作りが、これからどんどん行われていくでしょう。それに絡みとられて「憲法施行七〇年」のほうの影が薄くなってしまわないか、いささか心配です。

森 同感です。加えて言うと、大政奉還一五〇年もさることながら、来年二〇一八年が一八六八年の明治維新から一五〇年だということで、そこに向けた動きがすでに始まっています。これに、昨年の二〇一六年八月八日の天皇ビデオメッセージが「戦後七〇年という大きな節目を過ぎ、二年後には、平成三〇年を迎えます」という出だしだったため、平成三〇年つまり二〇一八年いっぱいで「生前退位」し、代替わり・即位儀式を行い改元するという大イベントの流れも出来上がっていて、これが明治一五〇年の高まりに合流する勢いです。裕仁前天皇の誕生日四月二九日を「みどりの日」から「昭和の日」に変えた二〇〇七年は、奇しくも第一次安倍内閣の時ですが、それを推進した右派系運動が、「昭和の日」を実現した次は「一一月三日を明治の日に」と運動してきており、昨年一一月三日には、明治一五〇年の二〇一八年にこれを実現すると気勢を挙げていました。こうした動きを見ていると、「戦後七〇年から憲法七〇年へ」という節目を経過する中で、平和・人権・民主主義などをあらためて考えてきた流れがあり、だからこそ安保法制にあれだけの反対運動が起こったという空気を、ここで一気に切り替えようとする意図が感じられます。しかし、こうした旧体制回帰型の改憲路線は、戦前の鬼畜米英路線をも是認するわけで、他方では日米同盟ファーストを掲げているのですから、根底的な矛盾に直面するはずです。

ともあれ、この七〇年間、日本は他国と直接戦闘をすることのない日々を送ってきました。これは近代日本史において画期的なことですし、主要国の同時代史においても画期的なことです。その画期的なことが日本国憲法九条を軸とした憲法の存在と、その憲法を壊すなという国民的要求の結果であったことは、何度でも確認されてよいことでしょう。ここのところを壊そうとする安倍政治と対決するのが「七〇年目」の今、ということです。

●一● 憲法施行七〇年と安倍政治

――ではまず、憲法との関係で今の安倍政治と安倍首相の本質をどのように見ているのかという点から、具体的なご意見を伺いたいと思います。

浦部 まず、安倍政治の中身の、個々の問題以前に、安倍晋三という人は、ロシアのプーチン大統領やアメリカのトランプ新大統領と、性格的に同質というか、やっていることがすごく似ているような気がします。昨年の二〇一六年一一月には山口県でプーチン氏と会って、個人的な親しさを強調しました。安倍氏がプーチン氏に「ウラジミール」とファーストネームで呼びかける姿をテレビで見て、私は「ウェッ」とするくらい気持ち悪かったのですが（笑）、あれは親密さを演出したというより、本当に親近感を持っているのではないかと思いますね。なにせ、プーチン氏と同じことを安倍氏もやろうとしているわけですから。つまり、自民党総裁の任期を三期九年まで延長して自分のときから適用するという、まさに「安倍晋三のプーチン化」が進行している（笑）。

プーチン氏は大統領を二期やったあと、三選は憲法上できないからというので、子飼いの子分を大統領にして自分は首相になり、実権を維持しました。そして二年たったら再び大統領に返り咲くということをやっているわけです。全く手前勝手に、自分の権力行使の期間を延ばしたのです。独裁体制のなせる技ですよね。形は違えども、安倍氏もプーチン氏と同じようなことをやろうとして

2016年9月26日衆院本会議で安倍首相（右）の所信表明演説中に起立・拍手する自民党議員（提供：共同通信社）

いるわけです。だから、ある意味、安倍・プーチン山口会談は「安倍晋三のプーチン化」を象徴するものだと思います。

昨年九月の衆院本会議で、安倍首相の所信表明演説中に、自民党議員が一斉に起立して拍手を送ったという出来事は、日本が独裁体制化しつつあることを示したものではないかと思わせるものでした。このことに対して、民進党の議員が「どこかの国と同じではないか。この国の国会ではないんじゃないかという錯覚すら覚えた」と批判しましたが、これに安倍首相はぶち切れた。

森　あの所信表明演説については、「災害復旧・復興」のところではなく、演説最後のところで「我が国の領土、領海、領空は、断固として守り抜く。強い決意を持って守り抜くことを、お誓い申し上げます。」と言った後、「現場では、夜を徹して、そして、今この瞬間も、海上保安庁、警察、自衛隊の諸君が、任務に当たっています。極度の緊張感に耐えながら、強い責任感と誇りを持って、任務を全うする。その彼らに対し、今この場所から、心からの敬意を表そうではありませんか！」と声高にまた情緒的に呼びかけたのですから、「守り抜く」という軍事的「防衛」に力点を置いた「敬意」表明の呼びかけでした。こういう「防衛」任務の人々に対してだけ「敬意」表明を求めたのですから、ただのスタンディング・オーベィションではなかったのです。お話のあった民進党議員は細野豪志氏ですが、「自衛官や海上保安官に拍手をしているというより、首相に拍手をしているように見える」、だから「この国の国会ではないんじゃないかという錯覚すら覚えた」、という批判だったのですが、これを「北朝鮮と同じ」と言われたとして「私が許せないのは、どこかの国と同じだと。どの国なんですか？」と色をなして批判しました。過剰反応ですが、よほど痛いところを突かれたための狼狽的反論でしょうね。

確かに「安倍のプーチン化」現象があるのですが、安倍という政治家の個人的力量だけでこれだけの「プーチン化」ができるわけではありません。第一、それだけの資質を持った政治家とも言えないでしょう。憲法学の仕事ではないにしても、背後にいて安倍に独裁的役割をさせることでメリットを得ているであろう勢力を、きちんと析出する必要があるでしょうね。

浦部　一方、アメリカでも、まさかのトランプ大統領誕生で、「自由と民主主義」の「本家本元」を自負していたはずの国で、それが破壊されようとしています。そのトランプ氏に対し、安倍首相は、昨年一二月に、まだ大統領に就任してもいないのにいち早くゴルフ・クラブの手土産持参でニューヨークに駆けつけてご機嫌取りをし、二〇一七年一月の首脳会談では、他国の首脳がトランプ大統領に対して厳しい批判をしているなかで一切批判めいた言葉も口にせず、トランプ氏の別荘にまで出向いて一緒にゴルフをしました。その後の国会審議のなかで、安倍首相は「トランプ大統領と親密な関係を築く以外に選択肢はない」と言いましたが、これも「選択肢云々」ではなく、トランプ氏の独裁的なやり方に安倍首相は大いに親近感を持ったのだと思います。安倍政治が続く今、日本でも「安倍独裁体制」が着々と進行しており民主主義は完全に破壊されていると思います。

森　民主主義の完全破壊かどうかはともかく、基本的には同感です。ひたすらトランプ大統領ににじり寄る「日米同盟ファースト」の安部首相ですが、トランプ大統領の政策の基本は「アメリカ・ファースト」ですから、「ファースト」のズレがあって、だから米国の要求にひたすら従うしかなくなってしまいます。その最悪の事態を沖縄にみることができるでしょう。トランプ政権の誕生は多くのメディアも予測できなかったことですが、よく考えると、欧州におけるこの間の保護主義・排外主義の台頭を見ていたら、予測できないことではなかったのかもしれません。すでに二〇一六年六月にはイギリスがＥＵ離脱を決定しましたが、それを推進したのは独立党ＵＫＩＰという第三政党で、排外主義を掲げるこの党が離脱の旗振りでした。米大統領選直後の昨年一二月には、イタリアで憲法改定の国民投票で五つ星運動（Ｍ５Ｓ）という排外主義勢力が台頭し、改憲に失敗した首相が辞任するという騒ぎです。今後、二〇一七年三月のオランダの総選挙、四月のフランス大統領選挙、そして九月のドイツ総選挙などで、いずれも排外主義勢力の「前進」が噂されていますので、ひとつの潮流になってくるでしょう。

安倍首相がトランプにひたすらにじりよる姿は、トランプとその新政策に懸念と批判を表明している米国民の運動はもとより、欧州諸国・イスラム諸国の政府や国民からもあきれられています。私はドイツの論調を追っていますが、硬質・高質なクオリティ週刊誌として知られるシュピーゲル(Spiegel)誌の二月四日号は、自由の女神の首を切って手に持つトランプが「アメリカ・ファースト」と叫んでいるイラストでした。ドイツ情報に詳しい水島朝穂さんが「現職の他国の元首に対してここまですごい表紙をつくったのは初めて」と言っていましたが、それほどまでに欧州の論調は厳しいのです。

にもかかわらず安倍のスタンスとそれに対する批判的論評が弱い日本メディアもあって、日本の世論や市民運動が確たるトランプ批判を展開するのを、阻害しているかもしれません。欧米では反トランプの市民運動が激しく闘われていますが、日本社会には寡聞にしてそういう話を聞いたことがありません。

●二● ここがおかしい（1）憲法と現実政治のずれ

―― 安倍政権は、この間、経済政策として「アベノミクス」を掲げ、何度も「第三の矢」を打ち出していますが、一方で憲法軽視あるいは無視の政治を着々と進めています。この安倍政治に対して憲法との関係で問題とすべき点をいくつかおうかがいします。

*1　日本国憲法第７条
天皇は、内閣の助言と承認により、国民のために、左の国事に関する行為を行ふ。
一〜二（略）
三　衆議院を解散すること。
四〜十（略）
*2　日本国憲法第 69 条
内閣は、衆議院で不信任の決議案を可決し、又は信任の決議案を否決したときは、十日以内に衆議院が解散されない限り、総辞職をしなければならない。

1　解散権が首相の専決事項と言い切る「異常さ」

森　「安倍政治に対して憲法との関係で問題とすべき点」は膨大にありますが、主要な問題は本書の各論稿が取り上げてもいますので、ややマイナーな問題を取り上げて入り口の議論にしたいと思います。

昨年末には二〇一七年一月には衆議院解散があるかもしれないといわれていました。今は今年末だろうと言われていますが、そうした衆議院解散問題を取り上げる時に、きまって「衆議院の解散権は首相の専権事項だ」という言い回しが、ごく当たり前のごとく横行しています。それに対しては野党も含めて真正面から批判はできていません。

メディアも、安倍首相自身が最も有利と判断したところで解散をする、ということが法的にも憲法上も何ら問題がないかのごとく議論するし、国民もそのように受け止めています。

衆議院解散を「首相の専権事項」と見るのは、憲法の本来の姿からすれば違います。

古い話なのでメディアも忘れているけれど、憲法の教科書には必ず出てくる「苫米地事件」の議論が原点です。憲法七条では「内閣の助言と承認」による天皇の国事行為に「衆議院を解散すること」（三号）というのがあるけれども、これは天皇の「国事行為」がもともと形式的儀礼的な行為であり、そのとおり形式的儀礼的にやっているかどうかの「助言と承認」であって、内閣が「解散したら?」と「助言」し、「あっ、そう」と天皇が同意したのでそれを「承認」する、というものではありません。[*1][*2] 天皇の国事行為の中身は、憲法上別途決定されているのであって、「衆議院の解散」については六九条が決めており、内閣不信任決議案の可決または内閣信任決議案の否決が前提です。ですからこの憲法の下での戦後第一回の解散は、わざわざ内閣不信任案を可決成立させ、憲法どおりに実施しました。しかし第二回目からは七条解散に変更しています。これに対し衆議院議員の苫米地義三が、地位確認等を訴えて最高裁まで争いました（最大判昭和一九五五年六月八日民集一四巻七号一二〇六頁）。ここで最高裁はピュアな「統治行為論」を使い、憲法判断は一切しませんでした。となると法的には、内閣が憲法七条の「助言と承認」だけを使って解散してしまうことについて、それが合憲か違憲かということの決着はまだ何もついていません。にもかかわらず、それ以後、天皇の国事行為に対する内閣の助言と承認、というルートだけで、憲法七条を使って解散することが繰り返されてきました。任期満了を除けばそればかりやってきていることからさらに煮詰まり、それが「首相の専権事項」だと言うようにまでなっています。憲法が内閣権限として明記しているわけではない、ましてや首相の専権事項でもないのに、それが当たり前のように言われているのは、憲法学の側からすると、違憲・合憲を判断する軸が、こんなに変わってきていいのかと言いたくなります。その背景には浦部さんがおっしゃったような首相の任期も自民党の都合でさっと変えてしまうようなことが、精神的には同じ構造でなされているのではないかという気がします。首相の判断だけで解散されるとなると、衆議院議員はよく言われるように「常在戦場」となり、選挙区第一となって国会審議はどうしてもおろそかになるでしょう。憲法政治の劣化になるというのはそこのところです。

浦部　解散に関して言うと、私は理論的には「七条解散」に反対ではありません。けれども、憲法七条は天皇の国事行為として衆議院の解散ということを定めているわけですが、それは「内閣の助言と承認」によって行われる。つまり、衆議院の解散を実質的に決定する権限は内閣にあるのであって内閣総理大臣ではない。そこが全然認識されていないのです。メディアもそうですし、政治家はもちろん認識していない。だから、衆議院の解散は首相の専権事項だなんてことが平気で言われるわけです。憲法上、首相の専権事項ではなくて内閣の権限とされているということを、まずはっきりさせておく必要があります。内閣総理大臣が単独で決定できるのではなく、合議体としての内閣で決定することなのです。それは、内閣が合議体として機能することが前提になっているということでもあります。内閣総理大臣が「こうだ」と言ったら、みんなが「そうだ、そうだ」と言ってしまうような内閣は、合議体の体をなしてないわけで、内閣が決めるということは、その中でケンケンガクガクの自由な議論をしたうえで決めるということでなければならないわけです。そういう意味で、首相の専権事項だというのは、完全に間違いなのです。

森　学説史としては、内閣に解散権を認めても、それは七条の内閣による「助言と承認」によってではなく、議院内閣制の趣旨から導出するという有力な見解もあり、仮に内閣に制度的権限があるとしても、裁量濫用に至ってはならないという議論もありました。いずれにしても今日のような憲法七条による内閣の、ましてや首相の専権と呼んでやりたい放題の衆議院解散を、憲法学界が黙視してやり過ごすことは、自戒を込めていえば、知的責任の問題さえ問われるでしょう。

浦部　これは憲法論としてはほとんど議論されていないけれども、かつて自民党内では、いわゆる総・総分離論がありました。つまり、党の代表の総裁が内閣総理大臣になることが当然のように行われてきたわけですが、総理大臣と総裁を兼職させるのでなく、これを分けようという議論です。それは、現れては消え、結局、実現しなかったけれども、あれをきちんと憲法理論的に詰める必要があったのではないかと思います。

総理大臣は行政府の長です。与党の総裁は、基本的には議員として立法府に関わる。もちろん、党の代表が議員でない場合もあり得るけれども、政党というものの活躍の場所は基本的には議会です。[*3]そうなると、立法府と行政府の権力分立の観点から言えば、総・総分離はある意味、当然なされてしかるべきことです。衆議院議長、参議院議長は慣例上、会派を離れることになっています。公平な議事運営のためという名目で、実際にはそうなっていないところがあるにせよ、少なくとも建前上は、議長は会派から中立の立場で議事を運営することになっているわけです。

*3　日本国憲法第 41 条
国会は、国権の最高機関であつて、国の唯一の立法機関である。

それなのに、行政府の長が立法府の与党の代表も兼ねることは三権分立に反していることを、憲法学的に言えばきちんと議論すべきだったと思います。そこのところが全く見過ごされてきてしまっていることが、特に小選挙区制になり、党の代表の権限がものすごく強くなってしまったことによって、議会制民主主義そのものが破壊されている要因になっているように思うのです。

森　憲法改正の発議権は国会にあるのですが、その国会に対し、行政権の長たる首相が改憲の具体的アクションを求める異様さも、同じ問題ですね。

浦部　そうです。そもそも、内閣にも、もちろん首相にも、憲法改正の発議権はないわけですから、首相が改憲を主唱すること自体が、ダジャレじゃ済まなくて（笑）、根本的に筋違いなのです。そういう感覚も持たない国会議員ばかりでは、「国民の代表」としての資格も疑われます。

2　議会制民主主義は機能していない

森　議会制民主主義という点で言うと、本当に議会＝国会による民主主義が機能するように営まれているかも、点検が必要でしょう。主権者によって選任されて国会を構成する議員は、国会でじっくりと議論することで妥当な結論を打ち出すことができるよう制度を整えなければなりません。これもいわゆる熟議民主主義の一環ですが、そうした観点からすると、いつなんどき解散されるかわからない、しかも首相の専権事項だといって好き勝手な解散権の行使は、比較法的に見ると特殊日本的です。イギリスでは、君主大権としての庶民院解散の形式を長く維持し、首相による解散を続けてきましたが、二〇一一年九月に「固定任期議会法」を成立させ、内閣不信任決議に対する解散権行使か、庶民院の三分の二以上の賛成による自主解散のみが認められることとなりました。北欧諸国のように首相・内閣による解散権そのものを制限又は廃止するようになった国もあります。議会制民主主義の進展のあらわれと見ていいでしょう。

ドイツでは、ワイマール時代の議会に対するヒトラーの独裁への反省から、戦後の現行基本法では、内閣への不信任案は後継の首相を同時に決定しなければならないという「建設的不信任」の制度を採用しており、事実上は任期いっぱい務めることが慣例として確立されています。

こうしてみると、議院内閣制をとる主要先進国の中で、日本のようにしょっちゅう「解散だ」「総選挙だ」とやっている国は例外です。日本ではこうした事態がむしろ当然視されていて、そういうものとして報道され、そういうものとして社会意識も議員意識も作られています。それが日本の政治を劣化させていることに思い至る必要があるのではないでしょうか。議会は議会として本当にまじめに時間をかけてやろうとすれば、熟議デモクラシーのためにも、任期の間は自分の身分を保障された上で議論ができることを、少なくとも慣行として確立しておかないと、まともな審議なんてできません。いつも次の選挙のために、選挙区に帰って「票田」という畑を耕さないといけなくなります。となると、選挙区に帰らなくとも当選可能な「大物」でない限り、議員が小粒になるし、真の政治家にもならないでしょう。

そういう悪循環の根にあるひとつが「解散は首相の専権事項」論であり、これが悪影響を与えています。一兵卒になり下がる国会議員を、安倍首相や幹部が自由に使えるようにしているのではないでしょうか。

3　諸悪の根源は「小選挙区制」

浦部　こういう状況をもたらしているいちばんの元凶は小選挙区制です。小選挙区制の導入のときに、いわゆるリベラルと言われる勢力も含め、積極的に「政治改革」だと言ってこれを推進しました。[*4]

森　あの「政治改革」を推進した中心人物が小沢一郎であったこと、その小沢が今、野党共闘を

*4　公職選挙法
（選挙の単位）
第12条　衆議院（小選挙区選出）議員、衆議院（比例代表選出）議員、参議院（選挙区選出）議員及び都道府県の議会の議員は、それぞれ各選挙区において、選挙する。
（2～4略）
（衆議院議員の選挙区）
第13条　衆議院（小選挙区選出）議員の選挙区は、別表第一で定め、各選挙区において選挙すべき議員の数は、一人とする。
2　衆議院（比例代表選出）議員の選挙区及び各選挙区において選挙すべき議員の数は、別表第二で定

めるす。
（別表第一、第二略）

唱えていることには、ある種の違和感を覚えますが、それはともあれ、当時、たとえば共産党は反対の論陣の先頭にいたのだけれども、反対の論拠の軸は、ともすれば「自民党が三割、四割の得票率で議席を七割、八割も独占できる反民主主義」というところに力点が置かれ、議席が理不尽に持っていかれることがもっぱら批判の対象になっていました。小選挙区制はもとより同時に導入されようとしていた政党助成法とがセットになって、日本の政治・政党の質をどう変えようとされているのか、ということまで批判が及ばなかったのは、やはり残念なことです。私は当時「共産党がもっと力をつけて三割、四割の得票になれば、小選挙区制だと共産党政権が生まれやすい」などと皮肉を言ったのですが、あまり通じませんでした。

浦部　一九九三年に「政権交代」があり、細川政権が誕生しました。その当時、私は学会で「こんな政権交代はないほうがましだ」という報告をしましたが、そのときの会場の反応の冷たさ……（笑）。

そもそもこの国には政権交代を追求する基盤ができていないのに政権交代があれば何かガラッと変わるような幻想を持っていました。それはある意味、無理もないところがあり、五五年体制の下での政権交代というと、自民党から社会党への政権交代と考えていたわけですから。

しかし、社会党が政権をもし取ったときにどうなるかということまでの実務的な突き詰めは、できていなかったわけです。たとえば社会党が政権を取ったからといって、アメリカに対し「日米安保を廃棄します」と、すぐに通告できるかというと、できっこない。「自衛隊は違憲だから自衛隊を解散します」と、政権を取った途端にできるかというと、これもできっこない。ある程度それを引き継がざるを得ないわけです。だから村山富市氏が首相になったときに、社会党はやむなく「自衛隊は合憲」と言わざるを得なかったのです。

それまでに積み上げられた政治の土台があるところに、上だけ政権が変わっても何もできないのが現実です。前の政策をある程度受け継いでいかざるを得ないわけです。そういう意味で言うと、政権交代を追求すること自体の問題性をきちんと議論しなければいけなかったのです。それは今でも同じです。

森　自民党政権がけしからんし悪いのは共通認識でいいとして、その自民党政権をやめさせるということだけで言われた「政権交代」でしたから、では、その交代した政権は何をするために生まれるのか、あるいはどこを基盤に内閣なり政治を支えるのかということのビジョンが、足腰も含めて描かれないままに議席の争奪戦だけでやってしまったということですね。

浦部　私は数年前から「政権交代よりも三分の一の抵抗勢力を」ということを、あちこちで発言しています。なぜなら、本来、政治の土台は憲法です。憲法の上にいろいろな構築物を積み重ねていき、そこで一つの国家の枠組みが出来上がってくる。もし憲法という政治の土台が共通のものとしてみんなに共有されていれば、政権の担い手が変わることにより、その上の構築物がある程度変わる。たとえば経済優先の構造をとっていたのを、もう少し福祉のほうに振り向けましょうとか、そういう形での政権交代による政策の変更が可能になるわけです。

しかし、現実に戦後一貫して行われてきた政策は、憲法を土台とせずに憲法の外にもう一つの土台ができた。これが「二つの法体系論」といわれるものと共通するのですけれども、憲法の外にもう一つ、日米安保体制という土台ができた。そして、そちらの土台の上に、いろいろな構築物が積み上げられてくる。もちろん、憲法に基づいている政権だから憲法の土台の上にも構築物はできているけれど、憲法の土台からはみ出した別の土台の上に、がっちりした構築物ができてしまった。それこそ一〇〇年以上ももつような頑丈なビルができあがってしまったのです。

これを全部壊してしまうということは、簡単な話ではありません。たとえば日米安保を廃棄するとして、条約上は、もう一〇年たっているから、通告すれば一年後には終わることになっています。

しかし、終了通告するためには相当の根回しをアメリカとの間でもしなければいけないし、中国や北朝鮮との関係をどう改善していくかということもやっていかなければいけない。そうすると、たとえば旧社会党が政権を取りましたということで、いきなり安保廃棄の通告をするなんてことは、できっこないのです。自衛隊もそうです。自衛隊をなくすといっても、いきなりなくすわけにはいかない。それこそ現実問題として、いきなりなくしたら、東アジアは力のバランスがものすごく不安定になる。だから、これもいきなりなくすことは、できっこないのです。

ですから、政権交代で従来の党とは反対の見解を持つ党がもし政権を取ったとしても、従来の政策をまずは引き継がざるを得ない。これらの従来の政策が憲法違反であることは、まちがいありません。まちがいないのだけれども、だからといっていきなりなくすことはできない。そうすると、政権が変わったのに何のことはない、何も変わってないじゃないか、と国民の側からは見える。だったら政権が変わらなくてもいいじゃないか、慣れている自民党のほうがよほど手際よくやっていた、という話になり、自民党以外の党は政権の座についたとたんに、その瞬間に、もう滅亡の道をたどることになるわけです。旧社会党も民主党も、この同じ道をたどってきたのです。

政権交代を追求するためには、政治の土台は憲法なんだ、憲法しかないんだ、ということが、すべての政治勢力、すべての国民の、共通認識になっていなければなりません。しかし、日本は、今までも今も、そうなっていない。だから、政権交代などを追求してはだめなのです。憲法という土台の外のもう一つ別の土台の上に作られた構築物を、ますます堅固にするだけなのです。むしろ、憲法の外の土台の上に建てられた構築物を、一つひとつ粘り強く壊していく、あるいはそれ以上には積み上げさせない。そういう抵抗をして、徐々に徐々に憲法の外の土台の上の構築物がなくなっていったときに、初めて政権交代が意味を持つのです。そういうことを考えずに、いまだに政権交代というものに幻想を持っているのは、おかしな話です。

●三● ここがおかしい（2）憲法と集団的自衛権をめぐる議論のずれ

――先ほど出た日本には憲法と日米安保体制という二つの土台があるという話がありましたが、今の安倍政治の対外的なスタンスについて、憲法学的に見てどうなのかという点についておうかがいします。

1 「集団的自衛権」は憲法と日米安保体制のどちらに依拠しているのか

森 私はこれまでいわゆる「二つの法体系」論であれこれを検討してきました。憲法を頂点として法律・命令という憲法体系が、普通の国家と同様に一方にあるのに対し、日本の場合は他方で、安保条約をいわば最高法規のように置いてその下に地位協定・各種特別法という「安保法体系」があって、両者は非和解的に対立しているという、六〇年安保の時に主張された理論です。その理論で考えていくと、権力の中枢である軍事システムは、アメリカの軍事戦略の枠内でしか生まれなかったし、アメリカの猛烈な圧力の中でつくられてきて今日まできているという客観的事実があって、この重さをもっと論じなければなりません。

「個別的自衛権」は合憲だとする論者は、今や少なくありません。「個別的」に日本の領土、領空、領海を侵犯から守ること、つまり「必要最小限の専守防衛に徹した自衛権」を合憲と承認し、それに必要な「実力」を保有することも合憲とする憲法解釈を展開し、それは国民的な世論にも合致するという言い方がよくされています。自衛隊が合憲か違憲かは、一昔前の長沼事件のころは、憲法学界でも違憲論が圧倒的でしたが、昨今では専守防衛に徹した自衛隊ならば合憲とする流れが、憲法学界の中枢でも増殖してきています。しかし、私に言わせればそういう言葉遊び的な「自衛」で

*5　自衛隊法
（自衛隊の任務）
第３条　自衛隊は、我が国の平和と独立を守り、国の安全を保つため、我が国を防衛することを主たる任務とし、必要に応じ、公共の秩序の維持に当たるものとする。
２　自衛隊は、前項に規定するもののほか、同項の主たる任務の遂行に支障を生じない限度において、かつ、武力による威嚇又は武力の行使に当たらない範囲において、次に掲げる活動であつて、別に法律で定めるところにより自衛隊が実施することとされるものを行うことを任務とする。
一　我が国の平和及び安全に重要な影響を与える事態に対応して行う我が国の平和及び安全の確保に資する活動

はなく、実際に生まれ育ってきた日本の「自衛力」という軍事力の実像に照らせば、自衛隊はピュアに「日本を守るため」に設置したわけでも何でもないわけです[*5]。

私は講演などで、いつも冗談で言うけれども、米軍協力、米軍事戦略の一環という本質で誕生したのが一九五〇年の日本再軍備なのに、戦力を放棄した憲法があるので、日本国民向けには「警察予備隊と呼びたい」（笑）となったのです。こういう生まれ方をしているのですから、一九五二年保安隊を経て一九五四年に「自衛隊」という名をつけたにしても、それはアメリカの軍事戦略の中にきっちりビルトインされているわけです。装備から編成から作戦に至るまで、全部米軍事戦略の有機的一環として一体で育ってきている。そういう中で日本の現状を考えるさいに、個別的自衛権とその行使は違憲ではない、集団的自衛権もフルスペックではなく個別的自衛権に隣接する限りでなら違憲とは言えないという論理が、この間横行しましたが、そんなものは理屈だけの画餅であって、実態は米軍事戦略の一環としてあるのです。

文字面を追いかける解釈論で憲法九条を論じても追いつかないような実態が進んでいるということです。日米安保体制こそが憲法九条問題の核心だということを、日本の憲法学界は、そしてメディアも、もっと重視する必要があるでしょう。安倍政権下で大問題となった安保法制の議論でも、個別的自衛権による専守防衛なら違憲ではないが、集団的自衛権は違憲だ、という点で辛うじて政府の軍事政策を批判するのが、有力な潮流であり、これに「個別的自衛権も違憲」とする見地が合流して、あれだけの批判高揚をなしとげました。しかし、米国の軍事戦略に組み込まれた自衛隊の実態は、専守防衛だけで動くような代物ではないのです。

なお、安倍路線にとっては、一〇〇％対米追随で生まれ、発展してきた日本の軍事力のありようを、靖国史観でどのように合理的に説明するのか、です。「押し付け憲法」だからこれを捨てて、古きよき「美しい日本」を取り戻そうなんて言っている勢力をここでは靖国史観と呼んでおきます

二　国際連合を中心とした国際平和のための取組への寄与その他の国際協力の推進を通じて我が国を含む国際社会の平和及び安全の維持に資する活動

３　陸上自衛隊は主として陸において、海上自衛隊は主として海において、航空自衛隊は主として空においてそれぞれ行動することを任務とする。

***6　集団的自衛権行使容認の閣議決定**（2014 年 7 月 1 日）

「国の存立を全うし、国民を守るための切れ目のない安全保障法制の整備について」平成 26 年 7 月 1 日 国家安全保障会議決定 閣議決定

全文は法学館憲法研究所 HP（http://www.jicl.jp/jimukyoku/backnumber/20140826.html）

が、日本会議などを軸にしたそうした勢力は、だったら自衛隊を軸とする今の日本の軍事力のあり方は、むしろ真っ向から批判しないといけません。なぜなら「対米従属」なんて「民族的屈辱」になるはずだからです。そういう議論を、こちらから仕掛けていく必要がありはしないでしょうか。

――集団的自衛権行使の容認を支える理屈として、自民党の高村副総裁が砂川事件最高裁判決（最大判一九五九年一二月一六日刑集一三巻一三号三二二五頁）を持ち出し、この判決で集団的自衛権は認められたと言いました。そのような理屈まで持ち出して来るほど、何でもありという状況をどのように考えますか[*6]。

森　あの判決について言えば、安保条約は「わが国の存立の基礎に極めて重大な関係を持つ高度の政治性を有するもの」であるから、「一見極めて明白に違憲無効であると認められない限りは、司法審査権の範囲外」という論理で、きちんと司法判断しなかったというのが判決の骨子です。安保条約の司法判断は、まともにはされていません。「一見極めて明白に違憲」かどうかを審査するという文脈で、「自衛権」についても判示しているだけです。しかし、砂川事件当時の旧安保条約及びそれをめぐる議論では、「集団的自衛権」など全く問題になっていないのであって、そこで「自衛権」という用語が使われていたからといって、そこに個別的のみならず集団的自衛権も含まれると読み込むことは、歴史的改竄に等しい読み方でしょう。多くの憲法学者がこの高村論理操作を批判したのは当然でした。

浦部　それと関連して、『憲法学教室〔第三版〕』（日本評論社、二〇一六年三月）でも書きましたが、集団的自衛権は誰の権利なのかということについてのむちゃくちゃな理解です。国際法学者がそう理解しているからなのでしょうが、攻撃を受けていなくても武力行使できる権利が集団的自衛権だ、というような理解です。しかし、攻撃を受けていない国が、攻撃を受けていないのに自衛

*7　国連憲章第51条〔自衛権〕
この憲章のいかなる規定も、国際連合加盟国に対して武力攻撃が発生した場合には、安全保障理事会が国際の平和及び安全の維持に必要な措置をとるまでの間、個別的又は集団的自衛の固有の権利を害するものではない。この自衛権の行使に当って加盟国が措置は、直ちに安全保障理事会に報告しなければならない。また、この措置は、安全保障理事会が国際の平和及び安全の維持又は回復のために必要と認める行動をいつでもとるこの憲章に基く権能及び責任に対しては、いかなる影響も及ぼすものではない。

権を持つはずがない、認められるはずがないのです。

集団的自衛権は、本来の意味から言うと、攻撃を受けた国が自分だけではなく同盟国に助けを求め集団で対抗する、そういう権利のはずです。自衛権は本来、武力攻撃を受けた国の権利です。集団的であろうが、個別的であろうが、自衛権とは本来、武力攻撃を受けて初めて発生する権利です。だとすると、武力攻撃を受けていない国が自衛権を持つというのは、おかしいわけです。

森　国連憲章五一条が定めた「個別的又は集団的自衛権の固有の権利」という規定は、「個別的自衛権」と「集団的自衛権」とがまったく別個に定められているのではなく「自衛権」でくくられていることにもっと注目すべきでしょうね。[*7] 原文でも「right of individual or collective self-defence」です。ですから、国際法学でも、集団的自衛権については「他国防衛」説のみならず「死活的利益」説、つまり他国への攻撃が自国の死活的利益（バイタルインタレスト）を害された場合に限定して容認する説、さらには「個別的自衛権共同利用」説など、学説はわかれているようです。このたびの安保法制は、「存立危機事態」などという組み立て方を見ても「死活的利益」説が念頭にあったのかもしれません。

浦部　本来はそうではなく、集団的自衛権が主張されたのは、特に中南米の国々が、国連安保理が措置をとるといっても五大国の一つが拒否権を行使すれば身動きがとれないから、もし五大国のうちのどこかから攻撃されたら、それに対抗するためには、自分たちは集団でもって抵抗するしかない。そういう権利を認めよと。そこから出てきたものなのです。

とすれば、それはやはりどこかの国が攻撃を受けたときには、その国を守るためにみんなで一緒にやりますということであり、自衛権の主体はあくまでも攻撃を受けた国と言わなければいけないはずなのに、国際法の世界では、いつの間にか攻撃を受けていない第三国の武力行使権として「集団的自衛権」というものが言われるようになった。自衛権イコール武力行使権になってしまっているのです。しかし、それは「自衛権」ということの本来の意味から言っておかしいのではないか、ということが一つです。

もう一つは、日本に関して言えば、日本が武力攻撃を受けたときの集団的自衛の枠組みは、もうとっくにできている、ということです。日本が武力攻撃を受けたときには、アメリカが日本と一緒にこれに対抗することになっているわけですから。

森　六〇年安保改定で導入された現安保条約五条ですね。

浦部　ただ、アメリカが攻撃を受けたときには日本は行かないということであり、日本が攻撃を受けたときにはアメリカと一緒にそれに抵抗する。そういう意味では、日本はもうすでに集団的自衛権を認めているわけです。

森　それは六〇年安保改定のときに、祖川武夫さんら有力な国際法学者がきちんと指摘していたことです。ですから、二〇一五年安保法制で初めて出てきたものではありません。集団的自衛権がこのたび初めて出てきたわけでは全くない、ということは重要です。

浦部　だから、集団的自衛権の議論の出発点が全くずれているわけです。安倍政権が「憲法解釈の変更」で認めた「集団的自衛権」は、日本にとっての自衛権ではない。アメリカが攻撃を受けたときにアメリカと一緒に日本も武力行使する、というわけですから、アメリカの自衛権行使を手伝うのであって、日本の自衛権ではない。「日本の自衛の範囲の限定的な集団的自衛権だ」などという政府の言い分は、完全なごまかしです。そこのところがマスコミなんかでも全然意識されておらずに、国民の間に誤解が広められていっている。自衛権だから日本を守るためだろう、みたいな安易な理解です。しかしそうではない、日本の自衛のための集団的自衛の枠組みは、日米安保条約によってもうとっくにできあがっているわけです。そこをまずきちんと認識した上で議論しないと、おかしな方向に話が行ってしまいます。

2 集団的自衛権行使容認反対のための説得的論理

森　関連して、この間の反対世論の形成のされ方で気になってきたことがあります。反対論の中には、すでに紹介した学説状況もあってか、個別的自衛権はいいけれども集団的自衛権はごめんだという主張が社会的にも有力にありました。日本を守るためではなくアメリカのためになぜ殺し合いをしなければいけないのか、という世論の批判です。

しかし他方で、年齢層で言うと、戦争体験世代の感性はそうではありません。私は敗戦時三歳で、辛うじて空襲経験が残っているし、親戚が戦死して白い木箱で「帰還」したことを記憶にとどめている、その意味では「最後の戦争体験世代」ですが、そうした世代はあの時代を繰り返すなという感性を、分厚い層として残しています。

幼少年期以上で戦中を体験した人々、ましてや戦場での殺しあいや捕虜・抑留を経験された人々が、最高年齢層としてご健在で、ここを分厚い層とする高齢化社会が今の日本です。この層に共通のキーワードは、一言で言えば「戦争だけはするな、殺し合いだけはするな」です。ですから、個別的自衛権行使もへったくれもないわけです。要するに、戦争という殺し合いで「解決」しようとする戦前の政治の体験を十分に持っているものだから、その人たちから言うと「個別的」も「集団的」もないわけです。

だから九条のそもそもの原点、すなわち、「戦争」のみならず「武力による威嚇又は武力の行使」まで放棄する、そのために「一切の戦力」を保持しない、「交戦権」さえも認めない、と徹底させたのはそのためだ、と染み込むように理解できるのです。そういう九条の原点中の原点に立ち戻る層が、まだ健全に健在されているのです。

メディアでの、あるいは国会での議論の立て方は解釈論が絡んでくるものだから、議論が「高度化」し不透明にもなります。しかし、実際、国会を取り巻き、あるいは世論の根底にある高年齢層が、この問題に対し警戒をしたのは、日本が再び戦争するのではないかということでした。このことを理論内在的に取り込んだ議論を、われわれはきちんとしなければいけないのではないかということを、この間、痛切に思いました。

二〇一五年にピークとなり、今も持続している安保法制反対の世論を見ていて、もう解散したSEALDsは若者に特有の感性であそこまで運動をけん引しましたが、それを支えた高齢年齢者の感覚はものすごく深刻なものだったと私は見ています。私自身がそうであるように、これでは死んでも死にきれない。そういう感覚、感性のようなものがあの運動なり反対の声のベースにあるとすれば、それが細かい理屈を跳ね飛ばして、戦争法と呼ばれた法案の危険性を見事に見抜いていました。だから世論を形成できたということだったのではないか。これは大事なことだったような気がします。

浦部 そういう感覚、感性は大事にされるべきなのに、政治の世界では「そんな感情論では何も進まない」と言われて、その感覚・感性にどう応えるかという議論はそれ以上には進まないわけです。それは、学問の世界でも同じで、そこに学問の一つの限界があるような気がします。

森 その議論は突き詰めていくと、たとえば中国が攻めてきたらどうするか、北朝鮮がミサイルをぶち込んできたらどうするかといったときに、だから軍事的対抗力を強化する方向に向かうのではなく、そうなれば私たちは死んでしまう、だからそうなったらおしまいなわけで、中国が攻めてこないために、北朝鮮がミサイルを撃ち込んでこないために、国家間のみならず市民の間でも外交を強め、死んでしまわないためにどのように汗をかくのかという議論を先行させるべきでしょう。万一攻められたらもうそれまでです。現代の軍事技術の高水準からすればなおのことでしょう。「敵」とされる勢力が日本と戦闘状態になれば、多くの日本人は殺されます。個人の尊重、人間の尊厳という憲法的価値の観点に立てば、その人が殺されたらその人の憲法的価値はそれでもう終わりです。隣人や友人が、ましてや日本政府が「仕返し」をしてくれても何の意味もありません。そうすると絶対に一人ひとりを殺させないという、外交政策も含めた政策をどうつくるのか、そこのところが議論の中心点になるはずです。そのためには、むしろ憲法九条を徹底的に実現したほうが安全だという結論に行き着くはずです。

浦部　それは私がずっと言っていることで、「攻められたらどうするのだ」というけれども、「攻められたら終わりだよ」と。

森　終わりだよと、学界の議論としてもはっきり言ったらいい。

浦部　攻められたら終わりなんだから、「攻められたらどうする」ではなく「攻められないためにどうするか」を考えなければならない。それが現実的な安全保障論のはずです。だけれども、そこからの議論が、「攻められないために核の傘だ」という方向に行ってしまう。そういう議論のほうが乗りやすいわけです。そこを、そうではないのだよ、という説得的な議論を仕掛けていかなければならない。なかなか難しいところではありますが。

森　しかしそれは考えなければならない。

●四●「民主主義」について

――いままで議論されたことに共通することは憲法そのものと、憲法を議論することとのずれをどう正すのかということではないでしょうか。その点でこれから現実社会にどう向き合うのかという点をどのようにお考えですか。

1　民主主義とは何か

森　浦部さんの考え方は、非常にペシミスティックで（笑）、絶望の、とは言わないけれども、抵抗の憲法学が力点ですね。しかしもう少しタイムスパンを大きく取り、にもかかわらず憲法に基づくまっとうな勢力をわれわれがどのように構築していくのかという筋道を構想できませんか。浦部さんのおっしゃることは、言ってみれば抵抗の拠点を構築・運営することですが、その先に、われわれが権力に接近して行く道を構想できないでしょうか。

つまり未来の、そして本来の統治主体はどう形成されていくのか、という筋道です。国会の議席を増やして政権を取ってという、そんな現象的な話をしているのではなく、いかにしてまともな憲法政治を求める勢力が、仮にだけれども三分の一なら三分の一いるとして、それが二分の一を超えるような戦略・戦術を、憲法学のほうでも用意して出していく必要はないのか、です。いつまでも「抵抗」するだけではちょっと寂しい。ポジティヴに「民」を「主」にしたシステムを構想するのが「民主主義法学」としてはあるわけです（笑）。その辺が浦部さんとやや相違があるのでしょうか。ただの力点の置き方の違いなのかもしれませんが。

「抵抗の憲法学」が当面の重点であることはよくわかるし、その抵抗を通してより強靭な主体を形成していくという構想もよくわかるけれども、その主体が、憲法的統治主体になる、量から質に転化して権力を自らが運営するという筋道はありえないのでしょうか。「権力は悪」だから統治主体として構想しない、という考え方ですか。

浦部　権力は永遠に悪です。

森　永遠に悪で、民主的な権力なんていうのは幻想だと思っておられるでしょう。そこが民主主義的権力論からすると、最後のところでお別れするのかと思う（笑）。確かに歴史上、民主的権力があったためしがないですからね。だからといって民主的権力構想を放棄してはならないと思うのですが。

浦部　できたときは民主主義的基盤に立っていたとしても、権力として成立した途端に反民主主義的になる。権力とはそんなものだと思うのです。

森　にもかかわらず、永遠に一つのモデル、イディアルティプス（理念型）としては描く。民主的権力はかくあり得べし、と描くのですか。

浦部　描かないです。

森　そうすると、浦部流のデッサンでいうと、権力はどう編成されるわけですか。

浦部　差し当たり民主主義です。民主主義的手続きによって成立する。しかし、権力として成立した途端に、それは人民とは敵対する。ただ、だからといって私は権力の存在そのものを否定するわけではありません。人間の集団には、権力はある意味不可避です。言ってみれば必要悪とでも言うか…。だからこそ、権力に対する人民による統制が常に機能するような仕組みが必要になるのです。これこそが「立憲主義」の重要性だと考えるのです。

2　マス・メディアの情報を鵜呑みにしない

浦部　この間の安倍政治自体の問題と同時に、それを好き勝手にさせている大きな要因は日本のメディアが本当にだらしないという点です。

たとえば、アメリカのニューヨーク・タイムズやワシントン・ポストが、あれだけ露骨にトランプ批判をやるわけです。選挙戦のさなかに一方の候補者を徹底的にこき下ろす。大統領になってからも「反トランプ」で一貫しています。そんなことは日本のメディアは絶対にやらない。これが実は世論を形成しているわけです。日本における、いわゆる政治的中立とか政治的公平というのは、本当は中立でも公平でもない。教育の場でいわれる中立・公平も、マス・メディアのいう中立・公平も、要するに政権の考えに反するものは偏向している、政権を徹底的に批判するのは公平でない、ということになっている。政権の言うことをそのまま垂れ流しているのが中立だと。

これは本来おかしいわけです。政権の言っていることも一つの政治的立場だから、当然反対がある。政権への反対意見もともに対等に取り上げるのが公平であり中立です。この場合、政権は権力を持っているわけだから、政権の意見と反対意見を同じような扱いにしたのでは、対等の扱いにはならない。これでは本来、公平・中立にはならないのです。公平・中立であろうとすれば、反対意見をもっとどんどんぶつけていかなければいけない。これが日本のマスコミは全然できていない。

森　おっしゃる通りで、日本のマス・メディアに接していると絶望的にさえなりますが、それでも視聴者たる国民の意識と働きかけしだいで、まともな批判を喚起すれば、一部のメディアはそれに答える力をなお残していますので、ここを大事にしたいですね。たとえば安倍首相の肝入りだったと噂の高いNHK会長人事があり、そのあたりから番組内容も悪くなりましたが、視聴者の批判を受けてこの会長は一期だけで更迭されましたし、番組内容においても、メディア本来の批判的視点が、多少ですが戻りつつあるようです。それとは別に、私がよくわからないのは、こうしたマス・メディアによる世論形成という古典的問題は今も続いているのに対し、ネットの普及で形成されつつあるSNSとやらでの「世論」形成の意味合いです。私がSNSをやらないのでその世論形成力が実感できないのですが、ネットで「炎上」とかいうのもたかだか数万通ほどの「声」がネット「世論」とされているようですから、その世論の客観性はいかほどのものなのでしょう。

●五● 憲法や現実政治と向き合うために

――最後になりますが、憲法の議論の軸がずれているというご指摘を含めて、今の安倍政治に異議のある人、「改憲」ではなく、日本国憲法の理念を実現する社会をつくるべきだと考えている人に対して、これからどのような視点で憲法や政治に向き合っていくべきかということをお話しいただければと思います。

本書の第一章以降は「憲法の核心」の各論が用意されていますので、基本的な点に絞ってお願いします。

浦部　一刻も早く安倍政権をつぶすこと、あるいは、安倍氏に代表されるような「極右勢力」には権力を絶対持たせないこと、それに尽きると思います。そうして、今や臆することなく「表社会」を闊歩している「極右勢力」、旧体制への回帰を目論んでいる勢力の、権力的後ろ盾をなくさないと、本当に旧体制に戻ってしまいます。今もうすでに、「安倍独裁体制」のもとで、「改憲」以前にその兆候は出てきていますし、世界的にも「自由」とか「平等」とか「民主主義」という価値が揺らぎ始めている傾向がありますから、そういう流れに自覚的に抗う姿勢を、一人ひとりが表していくこと。それが今一番必要なことではないかと思います。

森　同感ですが、私は、もちろん私たちの追い込み次第ですが、安倍政権が行き詰まる可能性は少なくないとも見ています。安倍改憲戦略の根底にあるのは、自民党に伝統的ないわゆる「押し付け憲法論」であり、特に安倍路線には、第一次政権以来、「戦後レジームからの脱却」という特異な見地が根底にあって、これが浦部さんの言う「極右勢力」に秋波を送っている発信源です。安倍さんがこの見地を打ち出したのは二〇〇六年に政権についたときなのですが、この「戦後レジームからの脱却」のために「憲法改正を」という主張が、当時安倍さん個人のＨＰに書き込まれて以後、いまだに掲載され続けているのです。その執念たるや相当なものですが、そうした伝統右翼的メンタリティと、対米従属あるいは最近では「揺るぎない日米同盟の絆をさらに確固たるものにする」という、いわば「日米同盟ファースト」の路線とが、大矛盾になってくる、という根本問題があるでしょう。「戦後レジーム」のレジームとは、フランス語で「体制」という意味です。「美しい日本」を力説する安倍さんですから、そんなフランス語を使わずに「美しい日本語」で「体制」といえばいいのに、ですが、これは、フランス革命の時に革命派が、ブルボン王朝までの古い体制を「アンシャン・レジーム」と呼んで批判したことを念頭に置いているからでしょう。要するに憲法に盛り込まれた平和・自由・人権・民主主義などを丸ごと唾棄すべきアンシャン・レジームとしたわけです。ところが、安倍さんがいつも演説などで強調する「価値観外交」なるものは「自由・人権・民主主義そして法の支配」などを強調しており、だから日米同盟だと主張しています。トランプ政権がスタートしたこの一月に、安倍首相が行った施政方針演説でもそうでした。この大矛盾が究極のところで改憲路線を行き詰まらせるのではないでしょうか。またそうした行き詰まりに、批判勢力が追い込んでいく必要があるでしょう。

（二〇一七年三月一四日）

■第一章■

「国民が国の主権者である」とはどういうことか

木下智史
関西大学教授

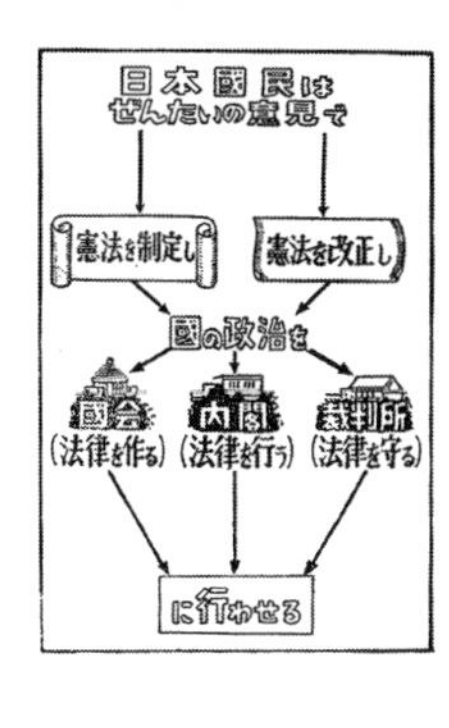

「あたらしい憲法のはなし」より

●はじめに●

1　国民が「国の主人公」であるとは？

日本国憲法の基本原理の一つが「国民主権」であることは常識であろう。しかし、その内容を説明できるかとなると自信がない人も多いかもしれない。最も簡潔に「国民主権」の内容を表しているのは、中学校の教科書などで用いられている「国民が国の主人公であること」という説明である。たしかに一見わかりやすい、なかなか巧みな表現ではあるものの、「主権者」を「国の主人公」と言い換えたところで、その実際の意味はなかなかはっきりしない。

今日の改憲論において、さすがに国民主権まで否定するものは少数派である。ただし、改憲論における国民主権の扱いはあまり重いとはいえない。自民党改憲草案のＱ＆Ａをみても、「主権」という言葉は、「自衛権」や、国の「領土の保全」の義務を根拠づけるために用いられている点が目立つ一方で、元首としての「天皇を戴く国家」であることと国民主権との矛盾はまったく意識されていない。おそらくＱ＆Ａが国民主権について最も力を込めているのは、憲法改正の発議要件を緩和するにあたって、「国民に提案される前の国会での手続を余りに厳格にするのは、国民が憲法について意思を表明する機会が狭められることになり、かえって主権者である国民の意思を反映しないことになってしまうと考えました。」と説明するくだりであろう。憲法改正を提案しやすくするためのダシに「主権者としての国民」が使われているともいえるが、自民党改憲草案が、基本的人権（とりわけ「個人の尊重」）の保障や平和主義に向けた敵意に比べると、国民主権は改憲派にとって「無害」な存在と映っているようだ。

2 「主権」という言葉の意味

「国民主権」の意味がわかりにくいのは、そのなかの「主権」という言葉が、それぞれの時代的文脈における対抗原理として用いられてきたため、いくつかの異なった意味をもつからでもある。そもそも「主権」という言葉のもととなったsovereignという言葉は、国王が、ローマ教皇に向けて対外的に国家の独立性を主張し、国内の諸領主に向けて自らの最高権力性を主張するための対抗原理として生み出されたという経緯をもつ（sovereignが英語の辞書で「王」という意味ももつのはこうした経緯を反映したものである。）。君主は、対外的に国家を代表し、国内では最高権力者であったから、「主権」の意味に矛盾は生じなかった。

やがて、近代市民革命の過程で、君主制が廃される際には、「国民主権」が君主制を否定する対抗概念となった。しかし、「国民」という集団が主権をもつといっても、単独の意思をもつことはできず、自ら行動もできないので、結局はなんらかの機関によって代表されるか、抽象的な観念としてとらえられるしかなくなる。ここから「国民主権」の内容が複雑さを増すことになった。

今日の用法でも、「主権」はさまざまな意味に用いられる。第一に、「主権」は、国家権力ないし統治権という意味で使われることがある。ポツダム宣言第八項が「日本国ノ主権ハ本州、北海道、九州及四国並ニ吾等ノ決定スル諸小島ニ局限セラルベシ」という場合がその例である。第二に、「主権」は、国家の独立性を意味する場合がある。たとえば、日本国憲法前文の「自国の主権を維持し、他国と対等関係に立たうとする各国の責務である」という一節にある「主権」はこの意味で理解される。そして、第三に、「主権」は、「国の政治のあり方を決定する力」という意味で用いられることがある。日本国憲法のなかでは、「ここに主権が国民に存することを宣言し」（前文）と、「主権の存する日本国民」（第一条）として用いられている場合、すなわち「国民主権」が語られる場合がこれにあたる。

そして、国民主権、すなわち「主権が国民に帰属する」という場合、それが実際にどのような意味をもつかについて、二つの側面があることが認められている。一つは、国家権力の発動の正当性の根拠が国民に由来するという側面であり、もう一つは、国民が実際に国家権力を行使するという側面である。君主主権においては、君主が自らのために国家権力を行使することが正当とされたから、二つの側面は統一的にとらえられた。しかし、国民は多数の人々の集合体であり、統一的な意思をもって行動できないため、具体的な行動は代表者に委ねざるをえない。ここから、国家権力の行使の正当性は国民に由来するとされながら、実際には、国民は具体的な政治的決定に関与しない（正当性と権力性の分裂）ということが生じる。

●一● 日本国憲法における国民主権の核心

1 日本国憲法制定による主権の転換

「国民主権」は日本国憲法の制定にあたっての中心的な争点であった。

日本国憲法の制定過程において、日本政府は最後まで憲法の中に「国民主権」という言葉を入れることに抵抗し、第一条の「主権の有する日本国民の総意」を「国民の至高の総意」などの言葉で置きかえようとした。日本政府が渋々「国民主権」を憲法に明記したのは、連合国の日本占領管理機構、極東委員会の勧告などの「外圧」があったからこそであった。当時の日本政府は、国民が主権者であることを明らかにすると、天皇の地位が大日本帝国憲法の時代から大きく変わり、「国体」が変更されたことを決定的に示すことになるのを嫌ったのである。

日本国憲法が「国民主権」を明記したことをどう受け止めるかは学界でも議論となった。法哲学者尾高朝雄（一八九九－一九五六）は、「主権」を「国家における最高の権威をもつもの」と定義し、国には国家権力によっても超えられない法の根本原理＝ノモスがあり、「主権はノモスにある」と主張した。[*1] これに対し、憲法学者宮澤俊義（一八九九－一九七六）は、主権を「国の政治のあり方を最終的に決定する力」であるとし、「ノモスが主権者だ」という主張は、「ノモスの具体的内容を最終的にきめるのは誰であるか」という問いを回避しており、「国民主権の採用――それは必然的に天皇主権の否定である――によって天皇制に与えられた致命的ともいうべき傷を包み、できるだけそれに昔ながらの外観を与えるホウタイの役割を演じようとするもの」[*2]と喝破し、「ノモス＝主権」論が結局は「新憲法における天皇制のアポロギア」にすぎないことを厳しく批判した。

政府が「憲法が変わっても国体の変更はない」と繰り返すという状況下において、天皇主権からの転換の意味を明解に説いてみせた宮澤の見解は広く受け入れられた。国民主権における「主権」の意味を「国の政治のあり方を最終的に決定する力」ととらえる見解は定着し、日本国憲法において、天皇主権から国民主権の転換が生じたことを否定する者はいなくなった。一方、宮澤が国民主権の意味を、「国の政治のあり方を最終的に決定する力（傍点筆者）」ととらえ、「ひとつの建前」あるいは「理念」ととらえたことは、国民主権を現実の政治的決定のあり方とは関係のない問題としてしまった。

*1　原尾高朝雄『国民主権と天皇制』（国立書院、1947 年）63 頁。
*2　宮澤俊義『憲法の原理』２（岩波書店、1967 年）299 頁。

2　国民が主権者であることの意義——一九七〇年代主権論争

ふたたび国民主権という概念が脚光を浴びたのは、日本の政治が変革の可能性を示しはじめた一九七〇年代になってからであった。杉原泰雄（一九三〇－一橋大学名誉教授）は、国民主権という建前にもかかわらず，国民が国政の重要問題を自ら決定できない点に、国民主権概念が現実隠蔽機能（イデオロギー性）をもつことをみて、フランスの憲法学者、カレ＝ド＝マルベール（Raymond Carré de Malberg 一八六一－一九三五）の用法を参照し、国民（ナシオン）主権と区別される人民（プープル）主権の概念によって日本国憲法の国民主権を理解することを唱えた[*3]。

国民（ナシオン）主権とは、抽象的・観念的な「国民」を主権者ととらえる見方であり、国家権力の淵源（正当性の根拠）が国民に由来することをもって、国民主権の実現とみる。実際に、フランス革命後に制定されたフランス一七九一年憲法は「主権は nation に属する」と宣言しながら、制限選挙制を採り、国王が国民の代表者となることも承認した。これに対して、人民（プープル）主権とは、主権の主体を、意思能力を有する実在の市民の総体ととらえ、直接民主制による統治を原則とすることを求める。プープル主権のもとでは、代表制はあくまでも直接民主制が物理的に不可能なことから採られるものであって、代表選出は市民全員が参加しうる普通選挙制でなければならない。フランスにおいては、中層・下層市民が中心となったモンターニュ派が制定した一七九三年憲法が「主権は peuple に属する」と規定し、二一歳以上の男子普通選挙制を定めるとともに、立法に対する人民拒否制度を導入するなど、直接民主主義を原理的に承認する姿勢を示していた。

杉原は、主権概念を宮澤のように国家権力の正当性の淵源ととらえるのではなく、現実の国家権力の行使＝統治権の所在ととらえることで、国民主権を現実問題を解決する道具として呼び出そうとした。杉原は、日本国憲法の国民主権について、ナシオン主権からプープル主権への移行期にあ

*3　杉原泰雄『国民主権と国民代表制』（有斐閣、1983 年）206 頁。

るものととらえ、具体的な規定をできるだけプープル主権に引きつけて解釈することこそ、国民が実質的に国の政治のあり方を決定できることにつながると考えた。

しかし、杉原のように、日本国憲法の国民主権概念をプープル主権的にとらえたとしても、直接民主制ですべてのことを決定できるわけではないから、日常的な政治的決定は、国民代表機関たる国会とそこから選出される内閣によって行われざるをえない。これら代表機関による決定を主権の行使であると位置づけると、それに抗することは容易ではなくなる。また、代表制には、直接民主制の代替物にとどまらず、代表者が選出母体から独立した判断をすることで国家としての統一的な意思決定が可能となるという固有の利点もある。そうした問題意識から、樋口陽一（一九三四－東北大学名誉教授）は、主権の発動の場を憲法制定の局面に限定し、国民主権をもっぱら国家権力の正当性の問題にとどめておくべきとの立場をとった。[*4]

憲法学の通説的見解は、両者の折衷的な立場をとり、国民主権には、国家権力の正当性の淵源を国民にもとめるという正当性の契機があるととらえつつ、国民自らが決定するという権力性の契機もともに認められるとの立場に立つ。[*5] もっとも、通説的見解も、国民主権が日常的に発動されることには慎重な態度をとっており、国民主権の権力的契機は憲法改正の場面に限定されるとの立場をとっている。

いずれにしても、国民主権は高度に抽象的な概念であり、憲法の具体的な解釈上の問題を解決するにあたって果たす役割は大きいとはいえない。今日では、主権概念に頼らず、憲法の求める民主主義のあり方を具体的に探究することの重要性を説く見解も有力に唱えられている。

3 国民主権と代表制、そして政党

国民主権についてどのような理解をしようとも、国民自らが日常的な政治決定を行うことはでき

*4 樋口陽一『近代立憲主義と現代国家』（勁草書房、1973 年）301 頁。
*5 たとえば、芦部信喜（高橋和之補訂）『憲法［第 6 版］』（岩波書店、2015 年）41 頁以下参照。

ず、なんらかの代表機関が不可欠となる。

君主制が廃されて国民主権が成立すると、議会は、中世の身分制議会のように社会の各身分を代表しその部分利益を擁護するものではなく、全国民を代表し国家としての意思形成をする機関となった。ナシオン主権に基づくフランス一七九一年憲法は、議員を「全国民の代表」と位置づけ、選挙民の拘束から解放し（自由委任＝命令的委任の禁止）、議会における発言・表決についての免責特権、不逮捕特権を規定した。選出された議員が自らの政治的判断に基づいて「全国民の代表」として行動することを認める代表制は純粋代表と呼ばれる。

これに対して、プープル主権においては、代表制はあくまでも直接民主制の代替にすぎないのであるから、議会は選挙民の意思を反映して行動することが求められる。労働者、民衆の政治参加の要求が高まり、選挙権が拡大すると、純粋代表は、国民代表が現に存在する民意に反して行動することを認めるものであり、圧倒的多数の労働者、民衆の政治的要求を排除するためのイデオロギーとして批判されるようになる。やがて、議員は社会の一定の階層の支持を背景に選出されるようになり、事実上、選挙民に拘束されて行動することになる。そこでは議会は民意から独立するのではなく、民意を反映すべきものとなった。こうした代表観は半代表と呼ばれる。

そして、民意と議会を媒介するものとして発達したのが政党である。代表者の独立性が尊重された純粋代表の時代には、議員の行動を縛る政党は異物とみなされていたが、選挙権の拡大とともに、社会に存在するさまざまな階層はそれぞれの政治的要求を実現するために政党を結成し、それぞれの政党が議会に議席を有することで、選挙民の意思を反映した、民意の縮図としての議会が形成されると考えられるようになった。

4　日本国憲法の国民主権をいかに解すべきか

日本国憲法の条文をみると、国会議員を「全国民の代表」と性格づけし（四三条）、国会議員の「議院で行った演説、討論又は表決について」の免責特権を定める（五一条）など、国会議員を選挙民の直接的な指示から切り離す規定があり、これらはどちらかといえばナシオン主権に適合的といえる。しかし、他方で、公務員を選定、罷免する権利を「国民固有の権利」として保障する（一五条一項）のをはじめ、最高裁判所の裁判官の罷免権（七九条二項・三項）、憲法改正の国民投票（九六条一項）など、国民が直接国政に関与することを認めるプープル主権に適合的な規定も混在している。そして、国会の構成が民意を反映すべきことは日本においても常識化しており、代表制に関しては、半代表制が定着している。

樋口は半代表制の定着をもってプープル主権の実現ととらえるのに対し、杉原は、現状を一歩進めて、国会議員のリコール制の導入も可能とするなど、憲法の各条文をできるだけプープル主権に引きつけて解釈すべきと主張している。

5　国民主権という概念はもはや不要か

とは言っても、「国民」の内実は多様であり、全員が一致して統一的な意思をもつことなどありえない。国会議員のリコール制の導入によって、国の政治が現状よりも民意を反映したものになるかどうか、その効果にも疑問がある。むしろ、樋口が危惧したように、国民主権を安易に現実のものとして取り扱うことは、結局は国民のなかの多数派が主権者であることを標榜して少数者の権利をほしいままに蹂躙することを許すことになりかねない。こうした危険性を前にして私たちは、国民主権を国家権力に正当性の契機を与えるものに限定したり、それが権力性を意味する局面を憲法制定といった究極的な体制選択の場面に限定し、それ以降は「凍結」してしまうべきなのだろうか。

しかし、考えてみれば、こうした「危険性」は君主主権から国民主権に転換した段階から明らかだったことである。国民主権のもとでも我々が憲法を必要としたのは、国民が主権者となっても国家権力は時に暴走し、多数者の専制に陥るおそれがあるからこそであった。近代市民革命以降に制定された「近代的意味の憲法」は、国民の権利の保障と権力分立を標準装備として備える（一六条）[*6]。憲法が定める人権保障は、主権者国民の多数が少数者の権利を侵害する危険があるからこそ、多数者によっても侵害しえない権利を保障したものである。また、権力分立のシステムは、一つの国家機関が暴走するのを他の機関との均衡を通じて抑制するとともに、ある政治的意思の実現に対して国家機関相互間で抑制しあうプロセスを通じて、その政治的意思が洗練され、やがてはより広範な国民に共有されるようになるという、国民の意思を顕現させるための過程とみることもできる。

現在求められているのは、国民主権概念の放棄ではなく、それを憲法の枠内で実質化していくことである。

6　国民主権を実質化する途

国民が主権者であると憲法上は規定されているのに、「国政の重要問題につき国民が国家意思を最終的に決定できることを保障する手段・制度……が原則として欠如している」ことの問題性を告発した、杉原の問題意識の意義はいまも失われていない。国家権力の淵源が国民にあり、その行使が国民のために行われるからこそ正当性を有することについて今日、疑う者はいない。しかし、国民主権が国家権力の正当性の契機にとどまっているだけでは、かえって民意から離れた施策が横行する現状を肯定するためのイデオロギーに堕してしまう。やはり国家権力の行使のあり方についても、国民主権を呼び出して、統治システムの民主化を図っていく必要がある。具体的には、まず、

*6 「権利の保障が確かでなく、権力分立も定められていないような社会はすべて、憲法をもつものでない。」（フランス「人および市民の権利の宣言」（1789年））。

国民代表議会＝国会の構成が国民の政治的意思のありようを正確に反映している必要があり、その他の国家機関の構成・運営についてもできるだけ国民の政治的意思が日常的に反映される仕組みが構築されなければならない。

しかし、本当の意味で、国民主権が実現するためには、こうした統治機構上の仕組みだけでは十分でない。そもそも国民が主権者だと言っても、主権者の意思を表明する機会が選挙における投票に限られているとすれば、「イギリスの人民が自由なのは、議会の議員を選挙する間だけであり、議員の選挙が終われば人民はもはや奴隷であり、無にひとしいものになる」[*7]とルソーが指摘したとおりになってしまう。

とりわけ国民一人一人が高度に多様化した現代においては、ある政党や議員がある階層の人々の政治的要求を全面的に代表することは不可能になっている。世論調査のたびに、「支持政党なし」という回答が最大勢力を占めるのは、人々の政治に対する関心がないのではなく、特定の政党が自らの政治的利害を常に反映するとは信じられない人々が多数となったことを示している。こうした状況では、選挙の結果、ある政党が多数を占めたとしても、その実際の意義は相当に暫定的なものとならざるをえない。また、政党はパッケージとしてさまざまな政策を盛り込むのが常であり、ある政党が支持されたことは必ずしもその個々の政策が支持されたことにはならない。

ここから、議会の議員の選挙結果を補完するものとして、国民の政治的要求を選挙以外のルートで国政に伝達することが、今日、いっそう重要性を増している。主権者としての国民が日常的に自らの政治的意思を自由に表明し、そうした意思の表明を代表者が真摯に受け止めるという相互関係が機能してこそ、国民主権が実質化されるのである。

国民主権とは、多様な属性、多様な思想、多様な利害を有する人々が、一つの地理的領域において、よりよい生活をおくるために、国家権力の行使に参画し、国家の諸機関を運営する壮大なプロ

*7 ルソー（中山元訳）『社会契約論』（光文社、2008 年）192 頁。

ジェクトといえる。国民すべてがこのプロジェクトから離脱してしまえば、国家は機能不全となり、やがて終焉を迎える。国民主権を実質化させるためには、政治過程のあり方、社会のあり方に加えて、主権者としての国民のあり方も問われる。

7 国民主権の前提としての国家主権

先に述べたように、主権という概念が登場した段階では、対外的な独立性としての国家の主権と国内的な最高権力としての君主主権とは表裏一体のものであった。国内における主権の所在が国民に移行した現在においても、対外的な国家としての主権が維持されなければ、国民主権は空虚なものとなってしまう。

もっとも、現在の世界の国々は、国際連合やその他の国家間の取り決めにより、軍事力の行使や国内の人権保障についてさまざまな制約を受け入れている。また、急速に進展するグローバル社会は、国家の経済的な主体性も大きく掘り崩しつつある。

とりわけ日本は、日米安全保障条約に基づいて、国内に多数の米軍基地を置いているだけにとどまらず、安全保障政策、外交政策、経済政策にいたるまで、アメリカの強い影響力のもとにある。日本における国民主権のあり方を考えるにあたっては、常に、こうした日本の国家主権の状況も頭に入れ、本当の意味での国民主権が実現するためには国家主権が確立されなければならない点を押さえておかなければならない。

●二● 国民主権の現状

しかし、日本の現状は国民主権の実質化にはほど遠い。

1　日本の政治に国民の意思は反映されているか

①　選挙権の保障

選挙権の保障　憲法一五条一項は、「公務員を選定し、及びこれを罷免すること」を「国民固有の権利」として保障する。これは日本国憲法の定める国民主権という概念が、単に国家権力の正当性の淵源をなしているだけでなく、国家権力を作り出す場面に作用していることをもっともよく表す条文である。実際に選挙権を行使しうるのは、同条三項が示すように、「成年者」に限られており、何歳をもって成年者とみなすかについては、立法の裁量の余地も認められる。民法四条は、満二〇歳をもって「成年」としており、選挙権も二〇歳以上でなければ行使できないとされてきたが、二〇一五年の公職選挙法改正（二〇一六年施行）により満一八歳に引き下げられた。

また、海外在住者は、国民でありながら選挙人名簿に登載されず、長く選挙権を行使できない状態におかれてきた。最高裁は、二〇〇五年に、選挙権の行使の制限については「やむを得ないと認められる事由がなければならない」とする厳格な基準を設定し、在外国民に選挙権行使を認めてこなかったことを憲法に違反すると判示した（最大判二〇〇五（平成一七）年九月一四日民集五九巻七号二〇八七頁）。その後、この厳格な基準に基づいて、成年被後見人の選挙権制限が憲法に違反するとされた（東京地判二〇一三（平成二五）年三月一四日判時二一七八号三頁）ほか、禁錮以上の刑に処せられその執行を終わるまでの者等の選挙権制限についても憲法違反とされた裁判例がある（大阪高判二〇一三（平成二五）年九月二七日判例集未登載）。

選挙権はそれが実際に投票という形で行使されなければ意味がない。公職選挙法は、投票所で候補者名を自書することを原則的な投票方法としつつ、代理投票や郵便投票も認めているが、さまざまな障がいにより選挙権の行使を妨げられている人々もいる。自書ができない重篤なALS患者が選挙権を行使できるような選挙制度が設けられていなかったことを憲法に違反する状態であったと判断した裁判例（東京地判二〇〇二（平成一四）年一一月二八日判タ一一一四号九三頁）をきっかけに、二〇〇四年より、郵便投票においても代理記載が認められることとなった（公選四九条三項）。ただし、最高裁は、精神障害により引きこもり状態にある者の選挙権行使の機会が奪われている点については、違憲の主張を斥けている（最一小判二〇〇六（平成一八）年七月一三日判時一九四六号四一頁）。

このように、当然のことのように思われている「国民固有の権利」としての選挙権の保障でさえ、当事者が実際に声を上げるまで長年見過ごされてきたのである。

② 民意を反映しない選挙制度　二〇一六年度二月に内閣が実施した「社会意識に関する世論調査」において、「あなたは、全般的にみて、国の政策に国民の考えや意見がどの程度反映されていると思いますか。」との質問に対して、「反映されている」と答えた人は二九・九％、「反映されていない」と答えた人の割合は六六・八％となっている。国民が選んだ代表が政治を担当しているにもかかわらず、国民のおよそ三分の二が自らの意見が反映されていないと答えるのはなぜだろうか。

主要な原因として考えられるのは、選挙制度の問題である。現在、衆議院議員は、二八九名が小選挙区制、残りの一七六は一一ブロックごとに比例代表制で選出される。小選挙区制は、選挙区内で相対的に多数を占めた候補者のみが議席を得る仕組みであり、大政党に有利な選挙制度といわれる。実際に、二〇一四年一二月の衆議院総選挙において、自民党の小選挙区での得票率は四八％であったものの、議席占有率は七六％に達した。小選挙区制では当選した議員以外に投ぜられた投票はすべて議席獲得と結びつかない「死票」となるが、この選挙における「死票」は、全体の半数近くの四八％、二五四〇万票に達した。比例代表制においては得票率に応じて議席数が配分されるため、すべての投票が議席獲得と結びつくはずだが、各ブロックの議員定数が細分化されている結果、たとえば定数六しかない四国ブロックでは一六・七％以上の得票がない政党は一議席も獲得できず、そこに投ぜられた票は「死票」となる。参議院選挙は、都道府県ごとの選挙区と全国一区の比例代表区によって行われるが、選挙区の多くは二議席しか配分されず、参議院議員は半数改選のため一議席を争う事実上の小選挙区制となっている。その結果、ここでも大量に「死票」が発生する。ほぼ半数の投票が議席に結びつかない状況では、国民が政治に自らの声が届かないと感じるのも当然であろう。

③　**低い投票率**　さらに投票率の低さも問題である。衆議院総選挙の投票率は、一九五八年の七六・九九％をピークに徐々に降下しており、特に小選挙区制導入後は六〇％を切ることが多くなり、二〇一四年の総選挙は五二・六六％と戦後最低を記録している。自分の支持する候補者が当選する見込みが低ければ、せっかく投票に行っても「死票」になるだけである。近年の低投票率の原因の一つが、小選挙区制にあることは間違いないであろう。年代別にみると、年代が若いほど投票率が下がる傾向にあり、三〇代で四二・〇九％、二〇代では三二・五八％と、圧倒的多数が棄権している。衆議院で三二六議席と、総議席の三分の二を超える勢力を誇る自民・公明の政権与党も、小選挙区で四九・六％、比例区で四六・八％の得票率しか得ていない。さらに有権者の約半数が棄権しているのであるから、単純に計算して、有権者全体の四分の一程度の支持を得た政党が衆議院の三分の二以上の議席を占めていることになる。

④　**「一票の較差」**　日本国憲法は、「成年者による普通選挙」を保障し（一五条三項）、さらに、選挙人の資格について、「人種、信条、性別、社会的身分、門地、教育、財産又は収入によって差別してはならない。」（四四条但書き）と定める。こうして、形式的には一人一票が保障されてはいるものの、投じられた一票が選挙結果に与える影響力、すなわち投票価値は選挙区によって大きな較差がある。二〇一四年の衆議院総選挙当時、有権者数の一番少なかった宮城五区と多かった東京一区との間には、二・一三倍の開きがあった。これでは同じく投ぜられた一票でありながら、その

重み、選挙結果への影響力に倍以上の違いがあることになる。参議院の選挙区の間では、その較差はもっと大きくなり、二〇一六年の参議院選挙から、隣接する二県を合区して一つの選挙区とする是正が行われたものの、選挙区間の最大較差は三倍を超えている。こうした一票の重さの歪みは、長期的には、過剰に代表された地域で選出される議員が当選を重ねて有力な政治家となることを許し、政治のあり方にも歪みをもたらしてきた。

違憲審査権の行使に慎重な日本の最高裁も、衆議院選挙に関して四・九九倍の較差を法の下の平等に反すると判断して以来（最大判一九七六（昭和五一）年四月一四日民集三〇巻三号二二三頁）、投票価値の平等の実現を時に厳しく求めてはきたが、較差の是正は最終的には国会の判断に委ねざるをえず、根本的な是正は実現していない。

⑤　政党の現状　1─3において論じたように、政党は主権者国民のなかに存在する多様な意見・利害をまとめ上げ、それを一定の政策として国民に示して、選挙において相争う。こうして政党は、国会の構成、そして内閣の施策にいたるまで、国民の政治的意思のありようが反映されるようにするという議会制民主主義の実現にとって重大な使命を担っている。

しかし、日本の政党は政策的な一致というよりは人間関係、そしてなによりも選挙で勝てそうかどうかという目算に基づいた集団という側面が強く、政党の選択と政策の選択が十分に結びついていない。一九九四年に行われた「政治改革」の一環として、政党助成制度が導入され、毎年三二〇億円もの税金が各政党に配分されている（受け取りを拒否している共産党を除く）。現在では、自民党の収入の六六％、旧民主党に至っては収入の八一％を政党交付金が占めるなど（いずれも二〇一五年度政治資金報告書による）、主要な政党の財政の多くを政党交付金が占めるようになっている。政党助成導入にあたっては、企業からの政治献金をなくして、企業と政治との結びつきをなくすことも、その目的としてうたわれたが、企業献金は結局、廃止されないまま、現在に至っている。

税金と企業献金によってほとんどの収入を得られる結果、各政党は活動資金を調達するため市民のなかで活動をする必要がなくなり、市民の声をその活動の中で十分くみ取ることができなくなりつつある。また、政党交付金を得るために、政治的見解を異にする政治家が集まって政党を結成したりするなど、政策とは無縁な政党の離合集散も頻繁に生じている。

こうして各政党は明確な政策の違いを打ち出せなくなり、①で説明した小選挙区制中心の選挙制度のもと、有権者は、たいした違いのない候補者の間のどちらかに投票せざるをえないという不毛な選択を強いられる結果となっている。

⑥ 直接民主制の採用　国民主権をプープル主権的に解すれば、直接民主制が本来望ましく、代表民主制はその次善の策でしかない。しかし、日本国憲法は、前文に、国民が「代表者を通じて行動」すると述べるように、代表民主制を原則としており、国民が直接法律を制定することや、国会議員を解職する制度は憲法上許されないと解されている。憲法が定める直接民主制的制度としては、憲法改正にあたって実施される国民投票（憲法九六条）のほかには、「一の地方公共団体のみに適用される特別法」（地方特別法）の制定にあたって求められる住民投票（憲法九五条）がある。

後者は、特定の地方が全国から不利益を押しつけられることのないようにと定められた制度であり、もっと活用されてもよい制度である。しかし、通説的見解によれば、実際には適用が一つの地方公共団体に限られていても、一般的基準による合理的区分であれば地方特別法にはあたらないとされており、憲法九五条に基づく住民投票が実施された例は僅かである。[*8]

また、地方自治法は、住民自治の具体化として、条例の制定・改廃請求などの直接民主主義的制度を設けてはいるが、これらも成立要件が厳しく、活用されているとは言いがたい。原子力発電所の建設や大型公共事業について、各地で住民投票が実施されたこともあったが、近年では一時の活

*8　沖縄県のみに米軍基地が押しつけられる現状を前にして、名護市辺野古への新たな米軍基地の建設には住民投票が必要であるとの提案（木村草太・沖縄タイムス 2015 年 12 月 6 日）もある。

気を失っているようにみえる。

日本国憲法は、先にも述べたように、原則的には代表民主制をとっているが、代表者を選ぶ選挙以外に国民としての意見表明の場を設けること自体が禁じられているわけではない。国会に立法を促すイニシアチブや、特定の問題に関する意見表明を行う勧告型の国民投票制度を定めることは禁じられない。もっとも、こうした直接民主制的制度も、所詮は、その限られた争点に関する、その時々の民意のありかを示すものであって、その結果を絶対視すべきではない。また、国民投票の運用の仕方によっては、国民の熟慮の結果を示すものではなく、権力者の煽動的言説にあおられた非合理的な民意の動員であるプレビシット（plebiscite）に陥る危険もある。国民投票制度を設けるにあたっては、提案権者、投票の対象の選定、投票に向けての宣伝・運動のあり方、賛否の判断基準といった技術的な定めが重要な意味をもつ。

2 国民の自由な討議の場は確保されているか

一6でも述べたように、いくら選挙が国民の意見を正確に反映するものとなったとしても、制度的民主主義の保障だけでは国民主権の実質化にとって十分ではなく、選挙以外にもさまざまな国民意思の表明手段が確保されている必要がある。

①　べからず選挙　国民代表たる国会議員の選挙を、主権者たる国民の実質的な意思表明の場とするためには、国民が候補者や政党の選択にあたって、その政策の是非に関して自由に意見交換をし、熟慮したうえで判断する必要がある。そのためには、候補者、政党に関する情報提供が十分になされる必要がある。

しかし、公職選挙法は、選挙運動に関して、執拗なまでに厳しい規制を行い、候補者の見解を有権者が知ることを著しく困難にしている。たとえば、公職選挙法は、本来、候補者の支持者と有権者が直接話し合う機会である戸別訪問を全面的に禁止し（一三八条一項）、ビラの配布・掲示についても「選挙期間」中は、配布するビラの種類、枚数（一四二条一項各号）、ポスターの種類・数（一四三条）、街頭演説の方法（一六四条の五）、街頭宣伝の時間（一六四条の六）、使用する車両の台数・拡声器の数までが厳しく制限される（一四一条）。

こうした規制について、ほとんど合理的な説明がなされたことはないが、最高裁は、規制がないと「選挙運動に不当の競争を招き、これが為、却って選挙の自由公正を害し、その公明を保持し難い結果を来たすおそれがある」ことから、これらの規制はその「弊害」の除去にあると説明している。[*9] これは自由な選挙運動が行われること自体を「不当な競争」と決めつける不当な理由づけである。

② 日常的な表現の場の保障　それでは日常的な市民の表現の場は確保されているだろうか。近年は、原発の再稼働や安全保障法制に関わるデモや集会が活発に行われ、路上における市民の表現活動も一定の認知を得つつある。しかし、道路、公園などの公共の場における表現活動については、「公共の安寧」を保持するための公安条例、道路の使用に関する道路交通法上の規制（道路交通法七七条一項）、騒音に関する軽犯罪法一条一四号や各地方自治体が定める騒音防止条例、ビラやポスターの掲示に関する屋外広告物法（とそれに基づく条例）や軽犯罪法一条三三号などの規制が張り巡らされている。加えて、市民の表現活動には、公安警察その他の国家機関による監視・情報収集も行われ、とても自由闊達に表現活動を行える状況にはない。[*10]

③ インターネットは開かれた言論の場となるか　インターネットの発達・普及に伴って、人々はツイッターやフェイスブックといったＳＮＳを通じて情報を収集・発信するようになっている。こうして交換される情報量は、先に挙げた路上での表現活動が発信する情報量に比べて桁違いの量となっていることだろう。

*9　公職選挙法の文書規制（146条）に関する最大判1955（昭和30）年3月30日刑集9巻3号635頁。

*10　自衛隊情報保全隊が、イラク派兵反対などの活動をしている市民を監視し情報収集を行っていたことに対する賠償請求などが争われていた裁判において、仙台地裁と高裁はともに賠償を一部認める判断をした（仙台地判2012（平成24）年3月26日判時2149号99頁、仙台高判2016（平成28）年2月2日判時2293号18頁）。ただし、裁判所は、自衛隊が、その施設，隊員等を保全するという目的で、「その業務の遂行に影響を与える可能性のある行為」として、市民の活動について情報を収集する必要性があると判断したことには、相応の理由があったと述べている。

*11　キャス・サンスティーン（石川幸憲訳）『インターネットは民主主義の敵か』（毎日新聞社、2003年）93頁以下。

インターネットによるコミュニケーションが自由闊達な意見交換の場として機能していれば、それは新たなテクノロジーによる民主主義の活性化といいうるが、現状はそのようには機能していない。アメリカの憲法学者、キャス・サンスティーン（Cass Sunstein 一九五四－）が指摘するように、インターネット上のコミュニケーションは、同じ考え、志向をもつ者を容易に結びつける特性をもち、さらに、誰でも、情報について好みの情報（サンスティーンは、これを「完全にフィルタリングされた情報（completely filtered information）」と呼ぶ。）ばかりを選択することが可能なので、それを仲間で共有することでさらに志向が先鋭化していき、異なる考え方や「敵」とみなした者に対して極めて敵対的、排他的になる傾向がある（彼は、これを「サイバー・カスケード」と呼ぶ。）[*11]。インターネット上でしばしば発生する「炎上」という現象も、サイバー・カスケードの一例である。路上での表現活動も日常的なものとはいえず、政治的な問題に関する率直な議論の土壌に乏しい日本社会においては、サイバー・カスケードの危険性はいっそう高いともいえる。もちろんインターネット上のコミュニケーションがすべてサイバー・カスケードに侵されているわけではないが、現時点では、インターネットの発展が闊達な意見交換につながっていないことは確かであろう。

サイバー・カスケードの危険性に着目したサンスティーンは、情報との企図しない出会いと共通の経験の共有が民主政にとって不可欠と考え、放送に関する規制を念頭に、インターネットについても、幅広い情報を提供するように義務づける規制も可能であるとする。しかし、仮にそうした規制が望ましいとしても、放送のように一方的に流される情報と異なり、インターネットにおける情報は受け手が選択できるのであるから、規制の実効性はかなり疑わしい。そもそも、そうした規制は、政府がサイバースペースに流通する情報を統制することを許すことになる。物理的な書物の検閲と異なり、インターネットにおける検閲は、情報の送り手さえ気づかないうちに、そして一切の証拠を残さずになされるおそれがあるという点で極めて危険である。

インターネットの規制が望ましくもなければ効果的でもないとすれば、月並みな結論ではあるが、要は情報の受け手の姿勢、自覚にかかっているというしかないのであろう。すなわち、インターネットで流通している情報はその出典をチェックし、安易に拡散しないとか、できるだけ多角的な視野に立って情報を収集すべきという心構えである。

④ 討議・熟慮に基づく決定の試み 近年の民主主義論においては、民主主義が単なる多数決主義に陥らないように、決定にいたる討議・熟慮を重視する潮流が有力になりつつある。アメリカでは、「熟議の日」という、公共的問題を集団で討議する機会を設ける社会実験が行われているし、日本でも民主党政権時代に「新しい公共」の具体化として、討論型世論調査が実施された。こうした取り組みが広まることは、ある程度は社会における公共的討論の文化を涵養するきっかけになるかもしれないが、それを制度化することが現実的とも思われないし、少人数の市民による熟議の場が国民代表機関に取って代わることもできない。熟議だけを自己目的的に追求しても得られるところは少ないと言わなければならない。

3 現代国家におけるポピュリズムの危機

アメリカ大統領選挙において、トランプ候補の勝利を後押ししたのは、移民労働者による脅威を煽り、国内の雇用と安全を守ると訴えた愛国的メッセージであった。移民による雇用の喪失への危機感を煽る同様の手法は、イギリスのＥＵ離脱派に勝利をもたらし、他のヨーロッパ諸国でも移民排斥を訴える排外的党派が支持を集めている。人々が鬱屈した感情のはけ口としてカリスマ的指導者や排外的言説に熱狂するポピュリズムが世界を席巻する現状は、民主主義が衆愚政治に堕してしまったようにも映り、国民主権の理念を色あせたものにしている。

欧米でナショナリズムが高揚する背景には、急速に進行するグローバリズムによって先進諸国の労働者の職場が奪われているという現実がある。グローバリズムは、「自由貿易体制の維持」という大義名分のもと、一国で経済政策を決めることをもはや不可能にし、時には自国の産業、自国民の生活をも犠牲にする政策の選択を強制し、経済政策に関わる国家主権を奪っている。また、グローバリズムは、国家間だけでなく、国内においても富める者と富まざる者との格差を拡大させ、国民の間の同質性を失わせている。このようにグローバリズムは、二つの側面から国民主権を危機に陥れている。

一般に、複雑な利害関係にかかわる問題を二者択一で選択させることは不合理な結果をまねきやすい。とりわけ、グローバリズムかナショナリズムかの二項対立は、そのいずれの選択肢も重大な問題をはらんでいるだけに不毛である。EU離脱か否か、クリントンかトランプかの選択は、いずれもこの不毛な二項対立のバリエーションにすぎなかったように思える。二大政党制を前提としたアメリカ大統領選挙の長い候補者選定過程が、結局のところ、クリントンとトランプという、より嫌いでない側の消極的選択に収斂してしまったところにアメリカ国民にとっての不幸があったといえる。

●三● 国民主権再生の方向性

それではこうした状況に抗して、国民主権の理念を再生し、実質化させていく方向はあるだろうか。これまで述べてきたことをまとめると、民主的制度の一層の民主化と民主的制度と国民との相互関係の強化となる。より具体的な方向としては、以下のようになる。

第一に、国会議員の構成をより国民の多様な政治的意思を反映したものとすることが必要である。まず、国民代表である国会議員の選出過程である選挙は、国民の多様な政治的意思をより正確に議会構成に反映させるものとすべきである。現在の小選挙区中心の選挙制度は、民意の多様性の反映よりも民意の動向を集約することを重視しているが、多様かつ複雑な国民の政治的意思を集約することは、その多様性・複雑性を切り捨てて単純化することを意味する。日本社会のなかにある多様な要求、意見が国会のなかで採り上げられるよう、まずは国会の構成を多様化する必要がある。その際、選挙権が国民固有の権利である以上、それが不平等に扱われることはあってはならず、投票価値についても厳格な平等が確保されるべきである。

第二に、国会における討論・審議をもっと実質的なものとすることが重要である。国会の多数を自民党・公明党の連立与党が占めていることから近年の国会審議は著しく緊張感を欠いた、真剣味の乏しいものとなっており、一方的な審議打ち切り、強行採決もしばしば行われる。国民代表による討論・審議の場である国会において、日本社会に生起する問題が真剣に議論されないとすれば、社会の側で真摯な熟議が行われるはずもない。国会での議論が社会での議論の模範となるように、少数会派の審議権・質問権の充実などを通じて、国会審議を充実させ、それをきっかけに社会でも議論が行われるという相互関係の構築がもっと意識的に追求されるべきである。そして、国会における政策論議を活発にするためには、各政党が国民の要求をきちんと聞き取り、それに基づいて体系的な政策を練り上げて選挙で訴えるという民主主義の王道に一歩でも近づくよう努力する必要がある。

そして、第三に、上記の国会での討論と社会における討議・熟議との連関が有効に行えるように、市民ができるだけ自由に意見表明する場が確保されなければならない。充実した討議・熟議には多様かつ正確な情報の入手が欠かせない。直接的に人々の得る情報の多様化に貢献しうるのはマスメディアである。メディアの多様化にもかかわらず、依然として放送メディアは多くの人々に視聴されている。近年の放送メディアは、政権の意思を付度したりクレームの影に脅えたりして、論争的な問題や社会問題を取りあげることに慎重になっているともいわれるが、社会に存在するさまざまな問題を告発し、それに関する多様な考え方のフォーラムとして機能することが望まれる。

最後に、「国民が国の主権者である」とはどういうことかという問いへの答えをまとめておこう。それは、「国の主人公」である国民の意思が国政の方向性を決定することであり、そこに「最終的に」とか「究極的に」とかいった留保を付ける必要はない。ただし、どのようにして「国民の意思」を析出するかが難問であり、そのためには、国民相互間のコミュニケーションが自由闊達に行われるとともに、国民と国会などの民主的諸制度との相互関係が緊密に機能することが前提となる。国民主権とは、ある地理的領域に暮らす人々がよりよい生活を送るための壮大な共同プロジェクトであり、それを実質化することは、「国民を支配する国家」からの抜本的転換を求めることでもある。そのためには、国民が「国の主人公」として相互に能動的に働きかけることが欠かせない。

■第二章■

憲法九条の深意とは何か——平和主義の「積極化」と「現実化」

水島朝穂
法学館憲法研究所研究員
早稲田大学教授

2016年11月15日南スーダン・ジュバにて、防護壁設置作業現場で警戒する陸自隊員（提供：共同通信社）

●はじめに● 「平和」とはやっかいな概念である

「君はこのごろ平和についてどう考えてる?」。東大名誉教授で著名な憲法学者である奥平康弘さんが死去する数時間前にした、妻のせい子さんとの最後の会話の一節である。[*1]「九条の会」呼びかけ人として全国各地を講演してまわり、死去する前日も、東京・調布市の「九条の会」で講演していた。

奥平さんが亡くなる直前まで読んでいたというカント『永遠平和のために』。そこには、白い紙（平和主義と赤字で書いた）がはさまれていた。妻のせい子さんに直接電話をかけて確認させていただいた。どの頁にはさまっていたのかは、紙を抜いてしまったので確認できないというが、そこには、次のようなペン書きのメモが残されていた。赤字の「平和主義」の下に「現実的平和主義」とあり、「民主党代表選のスローガン。岡田克也・細野豪志。両者とも憲法改正。朝日二〇一四年一二月二六日。どちらかと言えば」で終わっている。奥平さんが「どちらかと言えば」のあとに何を書こうとしていたのかは不明だが、当日の朝日新聞を調べてみると、すぐにわかった。第二総合面「時々刻々」の「民主、再生の道筋競う 代表選」という分析記事で、そこにこうある。「憲法改正については二人とも『どちらかと言えば賛成』。『日本の防衛力はもっと強化すべきだ』との質問には、岡

*1 その経緯は、『東京新聞』2015年4月3日付一面トップ記事参照。なお、水島朝穂「「君はこのごろ平和についてどう考えてる」——安倍流「積極的平和主義」に抗して」（http://www.asaho.com/jpn/bkno/2015/0406.html）も参照。

田氏は『どちらとも言えない』。細野氏は『どちらかと言えば賛成』と答えた」と。そして「特に細野氏は、安全保障政策で『現実的平和主義』を打ち出す」と書いてあった。奥平さんは、この記事をメモし、当時の民主党代表選の候補者が「憲法改正にどちらかと言えば賛成」という点と、細野氏の「現実的平和主義」に注目して、『永遠平和のために』にはさみ込んだようである。奥平さんはこの本を再読していて、安倍流「積極的平和主義」（Proactive Contribution to Peace）だけでなく、民主党代表候補が「現実的平和主義」を語ることについても、「これはやっかいだな」と思いつつ、せい子さんに向かって、「平和についてどう考えたらいいか」を問うたのではないか。

亡くなる前日の講演を記録したパンフにはこうある。[*2]「…安倍総理大臣が再三再四語っている「積極的平和主義」というスローガンがあるわけです。これは本当にくせ者ですよ。「平和主義」というのは単に便宜的なもの、戦略、戦術的なものではなく、僕の理解によると人々の魂に関係する、近代の人々の魂に関係する事柄です。…ところが、安倍総理は、それ〔アベノミクス〕を前提にして、むしろ「積極的平和主義」を打ち立てるんだということを、言っている。…僕はそのたんびにものすごく怒っちゃうんですね。どうしてかというと、「平和主義」という言葉の持っている歴史的な背景、長年の人間の歴史的な背景の中で特徴的なのは、これは普遍的な原理です。…われわれの先に生きてきた人たちが、あるいはキリスト教的なバックグラウンド、あるいはカント的な哲学に気づく、というような積み重ねの中で作ってきたものです。非常に理念的なものであり、そして哲学的なものであり、…例えば外国に行ったとして、集団的個別的同盟関係の人と国と結んで、積極的に平和をつくっていくと、アメリカの旗の下に積極的につくっていくということを前提とした、非常に独自な内容の〔ものになってしまう〕。…本当の意味での平和主義、この言葉は難しいんだが、本当の意味で普遍的で、人類のどこの世界でも通用すべき、という意味で普遍的な政治倫理である平和主義を維持するほかないと思う。そうであるならば、九条はその旗印になりうると思うわけで

*2　奥平康弘・堀尾輝久・池辺晋一郎「鼎談 九条と私――憲法破壊に立ち向かう」調布九条の会『憲法の広場』（2015年3月）。

す。…」

ここからわかるように、憲法の平和主義の普遍性がきわめて大事なのだけれども、「平和」という概念をめぐっては含意も一様ではなく、権力者によって意識的にねじ曲げられ、正反対の意味でプロパガンダに使われる傾きも強まっている（「ポスト真実」）。「平和」とは実にやっかいな概念である。そうであるがゆえに、重要な概念なのである。では、日本国憲法はその平和について、どのような態度をとっているか。その「深意」を訪ねてみよう。

●一● 日本国憲法の平和主義の深意――「平和のテクノロジー」

日本国憲法の平和主義の特徴は五つある。[*3] 第一に、戦争を起こす「主体」の自覚とその明確化である。前文第一段には、「日本国民は、…政府の行為によつて再び戦争の惨禍が起ることのないやうにすることを決意し」とある。国家でもなければ、国民でもなく、「政府（government）」が戦争を起こすことが明記されている。そこから、国民には、自らの政府に戦争をさせてはならないという責務が導き出される。

第二に、安全保障の方式である。仮想敵をつくらない集団安全保障を前提としながら、さらに踏み込んで、「平和を愛する諸国民（peoples）」との連携・連帯により「安全と生存」を確保していくという構想が示される（前文第二段）。ここで憲法は、「平和を愛する諸国家（nations）」とは言っていないことに注意すべきである。国際社会にはさまざまな国家が存在する。なかには国連憲章違反の行為を企図する国家も存在したし、これからも存在するというのが国際政治の現実だろう。だから、憲法がいう「平和を愛する諸国民」とは、どのような独裁国家においてさえも、平和を希求する人々やその行動（運動）が存在（潜在）するということである。それぞれの国の「平和を愛す

*3 以下の叙述は、大須賀明編『現代法講義・憲法』（青林書院、1996年）48 − 51頁（水島朝穂執筆）参照。水島朝穂『ライブ講義 徹底分析！集団的自衛権』（岩波書店、2015年）28 − 38頁参照。

る諸国民」と連携・連帯する視点、平和を求める多角的・重層的ネットワークの構築が安全保障設計の前提に置かれるべきである。軍事力によって外から「急ブレーキ」をかけて平和を確保するのとの対比で、私はこれを「平和のエンジンブレーキ」と呼んできた。[*4] ある国を攻撃しようとする政府に対して、その国の内部に「平和を愛する諸国民」による平和的な世論を作り出す。現実には困難な課題だが、そこまであえてこだわることがこの憲法の平和構想の深意として重要ではないか。平和の問題を国家単位で考えるのではなく、それぞれの国のなかの市民と連帯して作り上げていく。平和を築く「市民社会」の強化の視点である。

第三に、前文が想定する平和構想を実現していく上で、国が「やってはならないこと」を明記したのが憲法九条である。国家の対外的権力行使の三つのパターンである戦争、武力行使、武力威嚇をトータルに否認している。憲法は国家権力を拘束し、制限する規範だから、憲法上の根拠のない権力行使は認められない。九条二項は軍隊の典型的な形態（陸海空軍）のみならず、「その他の戦力」という形で、国内治安を目的とする警察力を超える組織の保持を禁じている。軍事に関してこの憲法は完全なる不授権であることに留意すべきだろう。

なお、近時の改憲論においては、九条をトータルに否定する意見は影をひそめ、「一項は残して、二項だけ変える」という形で、いわば「一項・二項分離論」が主流となっている。九条の徹底した無軍備平和主義の背景には、戦争の手段が目的を破壊してしまう人類初の核戦争が起きたことと同時に、アジア諸国に多大の犠牲を強いた重い責任が沈殿している。九条の一項と二項とは一体不可分の関係にある。

第四に、「全世界の国民が、ひとしく恐怖と欠乏から免かれ、平和のうちに生存する権利を有する」（前文第二段）と宣言して、日本国民だけでなく、世界中の貧困や人権侵害に苦しむ人々に対して、積極的な関与を行う姿勢を明確にしている。これは、「自国のことのみに専念」する「一国平和主義」

*4 以下の叙述は、水島朝穂『武力なき平和――日本国憲法の構想力』（岩波書店、1997年）234 - 238頁、同Q44『50問・これが核心だ！』（別冊『世界』岩波書店、2001年4月所収）190 - 191頁参照。

でもなければ、軍事力の即効性に傾斜する「一刻平和主義」でもない。ノルウェーの平和学者J・ガルトゥングのいう「積極平和」（構造的暴力からの解放）の実現を目指す「積極平和主義」そのものである。私はこれを「平和の根幹治療」と呼んできた。[*5]「戦争の不在」の状態であっても、差別や貧困、人権侵害などが存在すれば、必ず紛争の火種が生まれる。紛争地域（国）の復興を進め、生活基盤の整備をはかり、教育・福祉の水準をあげる。火種の根元をなくす。それは、「平和のうちに生存する権利」実現に向けた「平和のテクノロジー」である。

第五に、少しレヴェルは異なるが、自衛権に対するパラダイム転換を内在させていることも重要である。一般に、「自衛権」とは、外国からの違法な侵害（武力攻撃）がなされ、自国を防衛するために緊急の必要がある場合に、その侵害を排除する限度において実力を行使しうる権利とされている。「自衛権」の行使が正当化されるためには、①不正な侵害・攻撃の急迫・現在性、②代替手段の不存在、③侵害行為と反撃行為との間のバランスがとれていること（比例原則）、の三要件がクリアされなければならない。

国際法上、この「自衛権」は国家の「固有の権利」とされてきたが、日本国憲法が「自衛権」や自衛措置に関する明文規定をあえて置かなかった「沈黙」の意味を再確認する必要がある。立憲主義の観点からすれば、国家の権限や人権に重大な影響を及ぼしかねない自衛権の問題については、どのような形態であれ、憲法に明文の根拠ないし授権が必要である。九条が一切の軍事的オプションを否定し、また、九条が自衛権に言及していないことの意味を積極的に捉えれば、国際法上存在する「自衛権」も、国内の憲法レヴェルではその存在を否定されていると理解するのが自然である。[*6]要するに、日本国憲法の平和主義の深意は、自衛権概念に代わって、世界の「平和を愛する」諸力の連携と連帯、非軍事的な手段の徹底、平和的生存権の具体化によって「安全と生存を保持」するという平和の「守り方」と「創り方」を示唆した点にある。

*5　水島・前掲『武力なき平和』238 － 240 頁。
*6　自衛権の「個別」と「集団」について、水島・前掲『ライブ講義』53 － 67 頁参照。

●二●「積極的平和主義」の逆用——軍事的合理性の突出

以上のような前文および九条からなる日本国憲法の積極的平和主義の深意からすれば、その現実はあまりにカタストロフである。故・奥平康弘さんが「本当にくせ者ですよ」というところの安倍流「積極的平和主義」。この言葉を安倍晋三首相が公の場で使うようになったのは、二〇一三年九月一二日の「安全保障と防衛力に関する懇談会」が最初で、その一カ月後の九月二六日の国連総会一般討論演説で、日本が「新たな積極的平和主義の旗を掲げる」と語っている。[*7] 安倍首相の「積極的平和主義」は、「国際協調主義」（憲法九八条）を使って、日本の対外的な軍事機能を一気に拡大することを憲法の平和主義の名のもとに正当化しようとするものであり、平和主義の政治的利用ないし「逆用[*8]」と言えよう。「戦争は平和なり」（WAR IS PEACE）。ジョージ・オーウェルの名著『一九八四年』の「ニュースピーク」、つまり「二重語法」である。他に、「自由は隷従なり」（FREEDOM IS SLAVERY）、「無知は力なり」（IGNORANCE IS STRENGTH）がある。[*9] 相互に矛盾する意味をあわせ持つ言葉を正面から堂々と使ってイメージを操作し、受け手の印象を変える。矛盾した意味をあわせ持つ言葉や複数の意味にとれる言葉を使い、受け手に誤った印象を与え、発信者に都合のよいイメージを創出する語法のことである。安倍首相が次々に繰り出すキーワードには、この種のものが歴代首相に比して格段に多い。安倍官邸の広報紙ともいうべき『産経新聞』のインタビューに答えて、筆者は次のように述べたことがある。[*10]

「安倍政権の主張には大きな違和感がある。一般に憲法学や平和学で積極的平和主義といえば、医療や教育など非軍事的な国際貢献で紛争の根を絶っていくことを指す。安倍首相の『積極的平和主義』は軍事力をより積極的に使っていく方向であり、従来使われてきた言葉とは意味が違う。[*11] 安

*7　水島朝穂「誤解される言葉の風景」（http://www.asaho.com/jpn/bkno/2013/1007.html）。
*8　中島徹「憲法論を逆用するレトリック」全国憲法研究会編『日本国憲法の継承と発展』（三省堂、2015年）335－337頁。
*9　ジョージ・オーウェル＝高橋和久訳『1984年』（早川書房、2009年）11頁。
*10　水島朝穂「非軍事的な貢献が大事」「金曜討論——積極的平和主義」『産経新聞』2014年5月9日付7面（オピニオン）。なお、同「地球儀を弄ぶ外交——安倍流「積極的平和主義」の破綻」（http://www.asaho.com/jpn/bkno/2015/0126.html）参照。
*11　本来の積極的平和主義については、谷山博史編著『「積極的平和主義」は紛争地に何をもたらすか——NGOからの警鐘』（合同出版、2015年）、日本平和学会編『「積極的平和主義」とは何か』平和研究45号（早大出版部、2015年）vii～xi頁参照。

倍首相の場合は集団的自衛権の行使容認に現れているように、日本が武力攻撃を受ける前の予防的な軍事介入や、資源確保などを目的とした自衛隊の海外展開も正当化するつもりではないか」と。

実は、ドイツでも「積極的平和主義」の逆用に熱心だった人物がいる。二〇一七年三月までドイツ連邦大統領をやったヨアヒム・ガウクである。ガウクは二〇一四年一月三一日、第五〇回安全保障会議（ミュンヘン）の開会式において、ドイツの積極的な軍事貢献を押し出した。旧東の市民運動出身のガウクはいう。[*12]

「ドイツは全世界のあらゆる出来事に関心があり、場合によっては軍事介入をも行って、強大国としての責任をとる。これまで、ドイツは臆病者で重大問題に直面するといつも問題を避けてきた、と言われてきた。ドイツの歴史的犯罪（ナチス）の陰に隠れて世界の現実から逃避したり、安眠をむさぼろうとしたりする人たちがいるが、現在のこのような状況において、行動を起こさないことは責任をとろうとしないことだ…」。

ドイツの「過去」の問題を「軍事貢献」の拡大にダイレクトに結びつける言説を展開する点は、「スキャンダラスな演説」として批判されたが、安全保障の問題を経済的利益に直結させて語る点にも疑問が提起された。[*13]

ドイツでも軍事に積極的な平和主義が称揚されるようになった同じ二〇一四年の七月一日、日本では安倍内閣が集団的自衛権行使を容認する閣議決定（以下、「七・一閣議決定」という）を行い、以降、安全保障関連法制定に向けて安倍流「積極的平和主義」が走り出していく。[*14]

ここで注目すべきは、この閣議決定文の約六九〇〇字のなかに「切れ目のない」という表現が五回も出てくることである。米軍の軍事対応文書類には seamless という言葉がしばしば登場するが、これはもともとIT用語で、「継ぎ目」のない状態、つまりアプリケーションソフトのなかで各機能が一貫して操作することができる状態を指す。それを「切れ目のない」という日本語に置き換え、

*12 http://www.ag-friedensforschung.de
*13 F.Deppe, Imperialer Realismus? - Deutsche Außenpolitik: Führungsmacht in 〉neuer Verantwortung〈. Hamburg 2014, S.13-15.
*14 詳しくは、水島・前掲『ライブ講義』252 – 260 頁参照。

政府の公式文書や首相の演説にも登場するようになった。この言葉を使う狙いは、法的な手続や事前同意や閣議決定などの手続を簡略化して、政治的決定が直ちに軍事的対応に連動できる仕組みをつくることであり、それが「切れ目のない対応」ということになるのだろう。これと関連して、安全保障関連法の制定に向けて連立与党合意のなかで、自衛隊の活動に対して国会承認を義務づける「例外なき事前承認」という言葉が一時使われたことがあったが、実際には「切れ目ない対応」と親和的な「例外なき事後承認」だった。二重語法（ダブルスピーク）はこういうところにも貫かれている。憲法や法律に定められた要件や手続を軽んずる空気が権力内部に醸成され、これが定着しつつある。[*15] ちなみに、ヒトラーの演説でよく使われる言葉にも時間の推移のなか変化していったという分析がある。権力掌握前と権力掌握後とで極端に使用頻度が変わった言葉が対比されている。権力掌握前に使われた言葉は「絶え間ない」(fortgesetzt)、「一度限りの」(einmalig)、「強力な」(gewaltig) だった。[*16] 安倍首相が使う「切れ目ない」、「〔アベノミクス〕これしかない」、「力強い」がそれぞれに対応するように見える。安倍流「積極的平和主義」は、この国が六〇年以上にわたって綱渡り的に維持してきた「専守防衛」の建前からの最終的離反を意味する。それが「七・一閣議決定」であり、それに基づく安全保障関連法である。

●三● 「専守防衛」からの離陸――「七・一閣議決定」

実は安倍内閣の「七・一閣議決定」は、六〇年にわたる政府解釈（自衛隊合憲論）を覆してしまう大転換だったことをここで強調しておきたい。前提となる政府解釈の形成過程から説き起こせばこういうことである。

日本国憲法の徹底した無軍備平和主義という「深意」に反する憲法現実が、その施行後わずか三

*15　水島朝穂「協議の中身は「例外なき事後承認」」(http://www.asaho.com/jpn/bkno/2014/0707.html) 参照。
*16　高橋博行『ヒトラーの演説――熱狂の真実』(中公新書、2014年) 62 − 63頁。

年で誕生する。実質的な陸軍である警察予備隊の創設である（一九五〇年）[*17]。その二年後には海上保安庁とは別個に、実質的な海軍たる海上警備隊が誕生する（陸は保安隊に名称変更）。さらにその二年後には、実質的な空軍たる航空自衛隊の発足と同時に、陸と海も「自衛隊」という統一名称に変更される。以来六〇年以上にわたり、違憲の憲法現実が定着してきたわけである。

警察予備隊から自衛隊に至るまで、「戦力」（war potential）に関する政府の憲法解釈は、「戦力＝警察力を超えるもの」（一九五〇年）から「戦力＝近代戦争遂行可能な人的・物的組織体」（一九五二年）、さらに「戦力＝自衛のための必要最小限度の実力（自衛力）を超えるもの」（一九五四年）へと変遷してきた。この「自衛力」合憲論は、⑴憲法は自衛権を否定していない→⑵自衛のためには一定の実力が必要である→⑶自衛のための必要最小限度の実力は「戦力」ではない（ゆえに合憲）、という論理構成をとる。憲法九条という憲法規範が一度も改正されず、そのままの形で存続する一方、「自衛のための必要最小限度の実力」が存在してきたこともまた一つの現実である。この憲法九条と自衛隊の矛盾的併存状態こそ、憲法をとりまく政治状況の変化と対抗諸力との緊張関係のなかで生まれたダイナミックな妥協の産物にほかならない[*18]。

こうして生まれた「自衛のための必要最小限度」というラインは存外「賞味期限」が長く、六〇年にわたってこの国の「防衛政策」の内容と方向を規定し続けてきた。その制約は自衛隊の組織のありよう、装備体系（「攻撃型空母」の保有禁止など）、教育・訓練などの面だけでなく、その活動領域にも影響を与えてきた。自衛隊発足目前の一九五四年六月、参議院は「自衛隊の海外出動を為さざることに関する決議」を行った。やがて、「武力行使の目的をもって、武装した部隊を他国の領土、領海、領空に派遣する行為」が「海外派兵」と定義され、それにあたらない「海外派遣」は憲法上可能という解釈がなされるなか、機雷除去のためのペルシャ湾への掃海艇派遣（一九九一年）を皮切りに、カンボジアなどへのＰＫＯ派遣（一九九二年〜）、テロ特措法に基づく洋上給油活動

*17　以下の叙述は、Vgl. H.Pocher, Das Nachkriegsjapan und seine Selbstverteidigungskräfte, Wien 2014, S.25f., 32.
*18　水島朝穂編『立憲的ダイナミズム／日本の安全保障３』（岩波書店、2014年）5頁。

（二〇〇一～一〇年）、イラク「復興支援」の各種活動（二〇〇三～〇九年）などが実施された。にもかかわらず、集団的自衛権行使の違憲解釈は、政府の解釈（内閣法制局）として維持されてきた。集団的自衛権は国際法上「保持」しているが、その「行使」は「必要最小限度」を超えるので違憲という、一般人の感覚からすればなかなか理解しづらい解釈が定着したのである。それもこれも、憲法九条が戦力不保持を厳格に定めているからである。憲法上、自衛のためであっても戦力の保持はできない、というのが政府解釈だから、「自衛のための必要最小限度」をクリアした「自衛力」のみが保持可能となる。自衛隊は「自衛力」であって戦力ではない以上、自国を防衛するその限りにおいてのみ、つまり「専守防衛」の限りで合憲ということになる。しかし、「七・一閣議決定」と、それに基づく安全保障関連法の制定は、このラインから大きく逸脱し、「専守防衛」の建前を掘り崩すとともに、六〇年間維持してきた自衛隊合憲の根拠をも自ら覆すことになったのである。*19

「七・一閣議決定」は、①我が国に対する武力攻撃が発生した場合のみならず、我が国と密接な関係にある他国に対する武力攻撃が発生し、これにより我が国の存立が脅かされ、国民の生命、自由及び幸福追求の権利が根底から覆される明白な危険がある場合において、②これを排除し、我が国の存立を全うし、国民を守るために他に適当な手段がないときに、③必要最小限度の実力を行使することは、従来の政府見解の基本的な論理に基づく自衛のための措置として、憲法上許容されるとする。重大なことは、「我が国」に対する武力攻撃の発生だけを根拠としてきたこれまでの政府解釈の一線を超えて、「他国」にまで広げたところにある。「他国」とは、「密接な関係」のあるなしにかかわらず、「我が国」すなわち「自国」ではないという意味で質的な違いがある。「自衛」とは「自らを衛る」ことであって、「他衛」ではない。集団的自衛権の行使を憲法上認めるには「憲法改正という手段を当然とらざるを得ない…そういう手段をとらない限りできない」（一九八三年二月二二日衆院予算委 角田内閣法制局長官答弁）とされてきたが、それは、「自衛隊は合憲である、し

*19 水島・前掲『ライブ講義』62 － 82 頁参照。

かし必然的な結果といいますか、同じ理由によって集団的自衛権は認められない」(一九九九年五月二〇日参院日米防衛協力指針特別委 大森内閣法制局長官)からである。つまり、集団的自衛権行使は、「自衛権行使の第一要件、すなわち、我が国に対する武力攻撃が発生したことを満たしていない」(二〇〇四年一月二六日衆院予算委 秋山内閣法制局長官)ため、「自衛のため」に当たらないのである。[20]「自衛のため」に当たらない武力行使ができるように解釈変更を行うのであれば、それは「自衛」隊の存立根拠の説明に連動し、六〇年以上にわたり政府がとってきた「自衛のための必要最小限度の実力」という「自衛隊合憲」の論拠を捨てさることを意味する。[21]「七・一閣議決定」によって、これまで政府がギリギリ合憲としてきた自衛隊の憲法的存立根拠を危うくしてしまうというパラドックスである。

●四● 安全保障関連法で何が変わるのか――「他衛」への道

1 「武器等防護」の拡張

安全保障関連法は当初、集団的自衛権の行使を可能とする「存立危機事態」に関心が集中し、実際、国会の審議時間もそこに多くが割かれた。ここでは、メディアも十分に報道せず、一般にあまり知られることのなかった二つの条文についてみておこう。一つは、改正自衛隊法九五条の二による「武器等防護のための武器使用」の米軍への拡張であり、もう一つは重要影響事態法七条(国際平和支援法八条)による「捜索救助活動」である。

まず「武器等防護」であるが、従来、自衛隊法九五条により、「我が国の防衛力を構成する重要な物的手段」を防護するための武器使用が認められていたが、改正法の九五条の二により、「合衆国軍隊等の部隊の武器等」の防護のための武器使用も認められるようになった。[22] これは前述の集団

*20 詳しくは、水島朝穂「「7・1閣議決定」と安全保障関連法」『法律時報』87巻12号(2015年11月)47頁。
*21 水島朝穂「戦争の放棄、第9条」小林孝輔・芹沢斉編『基本法コンメンタール憲法』〔第5版〕(日本評論社、2006年)49頁。
*22 以下の叙述は、水島・前掲法時論文50頁、同「「武器等防護」で米軍も守る?」http://www.asaho.com/jpn/bkno/2015/0302.html 参照。

的自衛権行使の要件が満たされていない段階でも、もっと言えば、「平時」であっても、自衛隊による米軍の武器等の防護が認められることになったわけである。

自衛隊法九五条は「自衛官は、自衛隊の武器、弾薬、火薬、船舶、航空機、車両、有線電気通信設備、無線設備又は液体燃料を職務上警護するに当たり、人又は武器、弾薬、火薬、船舶、航空機、車両、有線電気通信設備、無線設備若しくは液体燃料を防護するため必要であると認める相当の理由がある場合には、その事態に応じ合理的に必要と判断される限度で武器を使用することができる。ただし、刑法第三六条〔正当防衛〕又は第三七条〔緊急避難〕に該当する場合のほか、人に危害を与えてはならない」と定める。

たとえば、武器庫や弾薬庫を襲って武器・弾薬を盗もうとする者に対して、武器を使ってこれを阻止する。条文の立て付けを見ると、九五条が警護対象にしているのは、武器、弾薬など九つのものであり、防護対象にしているのは、「人」とさらにその九つのものである。自衛隊法一二一条（防衛用器物損壊罪）は「武器、弾薬、航空機その他の防衛の用に供する物」となっているが、九五条には「その他」がない。九五条の対象は限定的であり、たとえば、駐屯地内の倉庫に保存されている戦闘糧食や被服等を守るために武器を使う根拠とはならないことに注意すべきだろう。

もともと地上の弾薬庫や武器庫などの防護を想定していた「武器等防護」は、次第に、護衛艦も戦闘機も「武器」であるから、自分が乗っている護衛艦や戦闘機が外国軍から攻撃を受ければ、「武器」である護衛艦や戦闘機を守るとして、その現場で、職務上武器等の警護に当たる自衛官の判断だけで武器を使用することも可能となる。また、近くにいる護衛艦が攻撃されたときには、他の護衛艦は武器等防護により、反撃をすることができる。

このように九五条は、平時から、現場の自衛官の判断だけで、外国軍を相手として、武器を使用することができるという、使いようによっては非常に危険な規定であった。また、政府は、武器等

*23　防衛省『自衛隊法第95の2の運用開始について』（防衛省、平成28年12月）席上回収資料。「自衛隊法第95条の2の運用に関する指針」（国家安全保障会議決定 平成28年12月22日）、横山絢子「平和安全法制における米軍等の部隊の武器等防護の国内法上の位置づけ——自衛隊の武器等防護との比較の視点から」『立法と調査』378号（2016年7月）121－125頁参照。

防護には地理的限界はないとしており、自ら地球の裏側まで行って、そこで自分の武器（艦艇も含む）を守るとして武器を使用することも理論上排除されない。

「七・一閣議決定」にはこうある。「自衛隊と米軍部隊が連携して行う平素からの各種活動に際して、米軍部隊に対して武力攻撃に至らない侵害が発生した場合を想定し、自衛隊法第九五条による武器等防護のための「武器の使用」の考え方を参考にしつつ、自衛隊と連携して我が国の防衛に資する活動（共同訓練を含む。）に現に従事している米軍部隊の武器等であれば、米国の要請又は同意があることを前提に、当該武器等を防護するための自衛隊法第九五条によるものと同様の極めて受動的かつ限定的な必要最小限の「武器の使用」を自衛隊が行うことができるよう、法整備をする」と。

この閣議決定に基づき、安全保障関連法九五条の二が新設されて、武器使用の対象として、米軍部隊の武器等も含められることになった。[*23]「合衆国の軍隊その他の外国の軍隊その他これに類する組織で、自衛隊と連携して我が国の防衛に資する活動（共同訓練を含み、現に戦闘行為が行われている現場で行われるものを除く。）に従事しているものの武器等を職務上警護するに当たり、人又は武器等を防護するため必要であると認める相当の理由がある場合、その事態に応じ、合理的に必要と判断される限度で武器を使用することができる。…」。

自衛隊の武器等と「同視しうる」というのがその理由である。武器等防護を「我が国の防衛力」ではない「米国の防衛力」を構成する重要な物的手段を防護するためにも使えるようにするというのは、「我が国の防衛力」についての武器等防護すら論理的に困難ななかで、あまりにも乱暴であった。米軍も「我が国の防衛力」であるとして、「我が国の防衛力」を読み替えることは不可能である。防衛省は、「七・一閣議決定」前、「いわゆる僚艦の護衛艦、つまり自衛隊の他の部隊に対する防護の問題と、それから外国籍の特に軍艦といったようなもの、これを同列に論ずることはできないわけでございます」（二〇一四年五月二二日参院外交防衛委 徳地秀士防衛省防衛政策局長）と答弁し、

*24　以下の叙述は、水島・前掲法時論文50 − 51頁、同「「捜索救助活動」のグローバル化――「周辺」と「後方地域」が外れた効果」http://www.asaho.com/jpn/bkno/2015/0831.html　参照。

自衛隊の武器等防護と米軍の防護を同列に論ずることはできないことを認めていた。これは大きな転換である。

もし、武器等防護を素直に「転用」するとすれば、集団的自衛権行使の要件がみたされていない段階であっても、米軍の武器等を攻撃してきた外国軍に対して、現場の自衛官の判断だけで自衛隊が米軍の武器等を防護するため、当該外国軍に反撃できることになる。もともとの九五条の危うさがより拡大されることになる。

2　「捜索救助活動」を契機として

「捜索救助活動」はどうか。一九九九年の周辺事態法の「後方地域捜索救助活動」は、「後方地域において我が国が実施するもの」（三条二号）である。その実施に際しては、「実施区域に隣接する外国の領海に在る遭難者を認めたときは、当該外国の同意を得て、当該遭難者の救助を行うことができる。ただし、当該海域において、現に戦闘行為が行われておらず、かつ、当該活動の期間を通じて戦闘行為が行われることがないと認められる場合に限る」（七条四項）とある。明らかに日本周辺の海上、しかも戦闘地域から物理的にも距離のある場所が想定されていた。米軍パイロットが某国の対空ミサイルや高射砲に被弾し、在日米軍基地に向かうも、日本海に墜落したという場合、脱出したパイロットを日本海のどこかで救助するというのが主なイメージだろう。

ところが、重要影響事態法七条の「捜索救助活動」には、周辺事態法にあった「後方地域」が頭に付いていない[*24]。その結果、「実施区域」は海域ばかりでなく、他国領土内の地上も含むことになるだろう。しかも「周辺」と「後方地域」が外れた分、「重要影響事態」の認定如何によって、自衛隊の活動は限りなく広がることになる。周辺事態法の改正法という形式をとりつつ、実質的にまったく別の法律になっている。「七・一閣議決定」は、現在の安全保障環境を、「脅威が世界のどの地域において発生しても、我が国の安全保障に直接的な影響を及ぼしうる状況」としているから、世界中で発生するどのような「脅威」も、政府の必要に応じて、「重要影響事態」として認定され得るのである。

「国際平和支援法」八条もまた、「捜索救助活動」を定めている。これにはもともと地理的限定がなく、理論上、「地球の裏側まで」も可能である。この法律でいう「国際平和共同対処事態」(同法一条)と「重要影響事態」との区別は不明確であり、相互の関係も曖昧である。政府の必要に応じて都合のいい方を使い、自衛隊の国際政治的利用のツールとして活用できるわけである。

この二つの法律に仕込まれた「捜索救助活動」の問題は、安全保障関連法のなかで、自衛隊が戦闘行為にまきこまれる可能性がおそらく一番高いと思われることである。国会審議を通じて、安倍首相や防衛大臣は、活動が行われている場所やその近傍で戦闘行為が始まれば、あるいはそのような事態が予測される場合などは、活動を一時休止・避難するなどして危険を回避し、活動を中断するという法の規定を使って答弁してきた(重要影響事態法六条四、五項、国際平和支援法七条四、五項)。これは「後方支援活動」の場合であって、「捜索救助活動」には「休止」「中断」しなくてよい場合が想定されていることに注意すべきである。すなわち、「既に遭難者が発見され、自衛隊の部隊等がその救助を開始しているときは、当該部隊等の安全が確保される限り、当該遭難者に係る捜索救助活動を継続することができる」(重要影響事態法七条六項、国際平和支援法八条六項)。「部隊等の安全が確保」というのが条件になっているが、現場の状況の急激な変化や、狭い地域に追い込まれて撤退が困難な場合などを考慮すれば、「中断」したとしても「安全確保」の方が困難になるだろう。不時着した米機のすぐ近くに武装勢力が重武装で接近しているところに遭遇した場合、遭難者を「発見」した以上、これを見捨てて「中断」は許されないということから、現場では戦闘行為に発展する場合も出てくるだろう。「敵中」にある遭難者を救出したところに、武装勢力が押

*25 森英樹編『安保関連法総批判』（別冊法セミ増刊・日本評論社、2015 年）50 頁（塚田哲之執筆）。
*26 「駆けつけ警護 識者に聞く(3) 水島朝穂・早大教授」『朝日新聞』2016 年 12 月 4 日総合面。
*27 水島朝穂「イラクで死者ゼロの理由——国防軍でなかったからこそ(1)」http://www.asaho.com/jpn/bkno/2013/0610.html
*28 これ以下の叙述は、水島朝穂「「駆け付け警護」——ドイツに周回遅れの「戦死のリアル」」http://www.asaho.com/jpn/bkno/2016/1017.html 、同「ふたつの「駆け付け警護」——最高責任者の無責任」http://www.asaho.com/jpn/bkno/2016/1121.html 参照。

し寄せてきたような場合も同様である。

この法律により、日米ガイドラインにある「戦闘捜索・救難活動」が、「捜索救助活動」として実施されることになる。「周辺」という枠も「後方地域」という枠も取っ払われ、今後は米軍からの要請を断ることもできず、危険な地域に不時着した米軍等のパイロットなどの救出に自衛隊の部隊が出動することになるだろう。この「捜索救助活動」は戦闘行為に発展する蓋然性が特に高く、かつ「自衛隊員のリスク」が圧倒的に高まることを指摘しておきたい。[*25]

3 「駆け付け警護」の危うさ

二〇一二年一月からアフリカ南スーダンでのPKO活動（UNMISS）に陸上自衛隊の施設部隊が派遣されてきた。法的根拠はPKO協力法および自衛隊法八四条の四第二項四号（後方地域支援のための輸送）である。以来、一一次隊まで、首都ジュバと周辺地域で道路や橋などの整備にあたってきた。安倍政権は二〇一六年一一月、第五普通科連隊（青森）基幹の第一一次隊に対し、同年三月施行の安全保障関連法に基づく「駆け付け警護」と「宿営地の共同防衛」の任務付与を閣議決定した。この新任務により、自衛隊の活動はこれまでとは質が変わった。[*26] イラクの自衛隊派遣では、「非戦闘地域」とはいえないバグダッド空港への空自輸送隊による米軍の人員・物資輸送という実質的な米軍協力が行われた一方で、陸自はひたすらサマーワの宿営地に引きこもって「自らを衛る隊」に徹したことと、現地武装勢力が自衛隊に対して微妙な「手加減」を加えたことによって、「死者ゼロ」で活動を終えることができた。[*27] しかし、安保関連法施行による新たなミッションの付与により、自衛隊を「外征軍」仕様に変容させていく方向がさらに進化している。

二〇一六年七月頃から南スーダンの首都ジュバ近郊で、政府軍と反政府武装勢力との間で大規模な戦闘があり、数百人が死亡した。[*28] 現地の治安状況は、派遣の前提となるPKO参加五原則の観点から疑問が指摘された。この五原則とは、①紛争当事者間での停戦合意の成立、②自衛隊の活動に対する紛争当事者の受け入れ同意、③中立的立場の厳守、④上記原則のいずれかが満たされない場合の部隊の撤収、⑤武器使用は要員の生命等防護のための必要最小限のもの、である。今回の安保関連法施行により、「駆け付け警護」と「任務遂行射撃」実施にあたっては、国連PKO等の活動が行われる地域の属する国等の受け入れ同意について、「当該業務等が行われる期間を通じた安定的維持」が要件とされた。だが、現地の状況はおよそ安定的とはいいがたく、国会の質疑で防衛大臣は、「戦闘行為」ではなく「衝突」であると答弁した。

「戦闘」「戦闘行為」「武力衝突」。なぜこういう区別をする必要があるのか。「海外派兵」は違憲だが、「海外派遣」は合憲、海外における「武力行使」は違憲だが、「武器使用」は合憲等々、レトリックの連鎖のなかで、このミッションでは「戦闘」と「戦闘行為」の区別にこだわった。防衛大臣が「戦闘行為」を「国際的な武力紛争の一環として行われる人を殺傷しまたは物を破壊する行為」と国会での質疑で繰り返した。これは従来の政府見解の線に沿ったものだが、政府見解では、「国際的な武力紛争」の担い手となりうる勢力を、「国家又は国家に準ずる組織」と定義している。「駆け付け警護」に伴う武器使用を実施した場合、自己保存型の武器使用とは異なり、命令による一斉射撃など、憲法九条が禁止する「武力行使」に該当するおそれがあることは従来からの政府見解の範囲内の説明だった。そこで、「駆け付け警護」時の相手をことさらに「国家又は国家に準ずる組織」ではないというふうに絞り込んで、「駆け付け警護」に伴う武器使用が違憲ではないと主張しようとするわけである。戦闘規模の大小ではなく、相手を「国家又は国家に準ずる組織」ではないと認定すれば、武器使用は違憲ではなくなるという論法である。

すでに自衛隊が派遣されている南スーダンPKOそれ自体が、全紛争当事者の同意を要しない「第四世代PKO」となってという現実がある。これに同意しない「スポイラー」による和平プロセスや国連活動への妨害が懸念されており、「駆け付け警護」は、その「スポイラー」に対する武器使用ということになる。南スーダンでの武力衝突が拡大しても、現地で駆け付け警護に対処するには、「スポイラー」を国家やそれに準ずる組織ではない、単なる犯罪集団として扱わなければならない。そのためには「戦闘行為」ではないという政府見解を堅持せざるを得ない。

安保関連法が施行されたが、あれだけ議論が沸騰した集団的自衛権行使の問題ではなく、遠いアフリカの内戦へのコミットの問題がなぜ前面に出てきたのか。まずは「枝葉」のところから着実に武器使用の「実績」を作っていく。南スーダンはまさに「巻き込まれる」上での適地ということだったのか。

なお、二〇一七年三月一〇日夕方六時、安倍首相は突然記者会見を開き、南スーダンの自衛隊の活動を五月末に終了すると発表した。現地の治安状況が悪化したため、参加五原則に則って撤収するというのではなく、あくまでも活動に「一定の区切り」がついたことを理由として挙げた。

安保関連法案審議でも「枝葉」の扱いをされ、議論されることの少なかった「駆け付け警護」を、法律施行後に突出させたのは、これにより死傷者を出して、だから中途半端な武器使用ではなく、まともに武力行使ができるようにすべきだという議論を前面に押し出す。違憲状態を深刻な規模に拡大して、「だから憲法改正が必要だ」という方向に世論を誘導するためではなかったか。[*29]今後はもっと「戦争」に近いところに自衛隊が派遣されるだろう。「軍事に積極的な平和主義」が最終的には憲法九条の改正に向かう所以である。

●五● 「お試し改憲」で改憲めでたし？

二〇一七年の年頭記者会見（一月四日）において安倍首相は、「日本国憲法の施行から七〇年と

*29　水島朝穂「論点「駆け付け警護」付与へ」『毎日新聞』2016年11月10日付11面（オピニオン）参照。なお、同「気分はすでに「普通の軍隊」――アフリカ軍団への道」http://www.asaho.com/jpn/bkno/2015/0914.html 参照。

*30　『朝日新聞』2015年5月8日付1面トップ。
*31　水島朝穂「緊急事態条項」奥平康弘・愛敬浩二・青井未帆編『改憲の何が問題か』（岩波書店、2013年）191 － 194頁。

いう節目の年」を強調し、「戦後のその先の時代を切り拓く、次なる七〇年を見据えながら、未来に向かって、いまこそ新しい国づくりを進めるとき」と語った。また、翌五日の自民党会合での挨拶のなかで、「新しい時代にふさわしい憲法はどんな憲法か。今年はいよいよ議論を深め、段々姿、形を作っていく年にしていきたい」と踏み込んだ。この間、自民党内では、九条改正をすぐ前面に押し出すのではなく、まずは「合意を得やすい」条文を選定して、ともかくも改憲に着手するという「改憲二段構え」[30]戦略が基調となっていた。具体的な条文としては、当初は⑴緊急事態条項の創設、⑵環境権の創設、⑶財政規律条項の三つだったが、二〇一六年から「参院選挙区の合区解消」が加わり、従来からあった「私立学校への補助金支出の合憲化」からさらに進んで、高等教育の無償化（！）まで持ち出している。「お試し改憲」と言われるだけあって、改憲メニューの提示は思いつきの域を出ず、国民を改憲に誘導するネタは尽きたという感が強い。

　おそらく二〇一七年は緊急事態条項の創設に重点を絞り込んでくる可能性がある。しかし、それを主張する自民党改憲草案で提示している緊急事態条項があまりに筋悪である点が議論を「停滞」させているように思う。

　自民党案では九八条と九九条の二カ条が緊急事態条項にあてられているが、九八条は法律への委任が八カ所もあり、各種の緊急事態の定義も曖昧で、肝心なところはすべて法律に丸投げされている点が致命的である。[31]これだけで憲法条文の立て付けとしては「不可」である。また、九九条二項は、緊急時に「法律と同一の効力を有する特別政令」を出すことができるとするが、この政令は期限の定めがないのみならず、国会の事後承認すら必要としないなど、これまた憲法条文としては重大な欠陥品なのである。「特別政令」によって改正され得る事項の制限が規定されていないため、いったん緊急事態の宣言が発せられれば、内閣（総理大臣）による濫用的な法改正が、「法律と同一の効力を有する」特別政令によって可能となるのである。ところが、自民党憲法改正推進本部長が「各党の賛同が得られやすい」として改正対象とするのは、自民党の改憲草案で提示している緊急事態条項ではなく、「〔国会議員の〕任期満了直前に大災害が発生して選挙を実施できない事態が生じたときに、法律で任期を延長できない。あらかじめ憲法に何らかの規定を設けておかなければ、緊急時に国会議員が存在しないということがあり得る」という類の条文なのである。[*32] 緊急事態条項と言っておきながら、大災害時の議員任期の延長に問題を矮小化している。憲法には参議院の緊急集会の条項があり、衆院解散直後の大災害であったとしても、衆参ダブル選挙だったとしても、「国会議員が存在しない」という事態はあり得ない（参議院の非改選の議員で緊急集会は可能）。復旧も復興もままならない東北の被災地を放置しておきながら、東日本大震災をだしに緊急事態条項を語ることは政治家としてもはや許されない。

「お試し改憲」の本質は、九条改憲のためには手段を選ばず、ということである。[*33] 一国の憲法の先々のことを、その時々の思いつきや、政治的合意をとりやすいというような姑息な戦術論でやるべきではないだろう。

●むすびにかえて● 平和主義の「現実化」

故・奥平康弘さんは、亡くなる前日の講演で、「普遍的な政治倫理である平和主義を維持するほかないと思う。そうであるならば、九条はその旗印になりうると思うわけです」と語っていた。最後にこの言葉の意味をかみしめたいと思う。

いま、安倍流「積極的平和主義」や自民党改憲草案（二〇一二年）のような時代逆行性がかなり明確なものとは別に、研究者や市民運動家のなかから「新九条論」「護憲的改憲論」などの「現実的平和主義」が生まれている。[*34] 議論の仕方や論点の強調とその度合は論者により微妙に異なるもの

*32 『産経新聞』2015 年 5 月 4 日付「キーマンに聞く・船田元氏」。
*33 以下の叙述は、水島朝穂「憲法改正に「お試し」はあり得ない――震災に便乗した緊急事態条項」（下）WEBRONZA（朝日新聞社）2015 年 5 月 27 日　http://webronza.asahi.com/politics/index.html 参照。
*34 渡辺治・福祉国家構想研究会編『日米安保と戦争法に代わる選択肢――憲法を実現する平和の構想』（大月書店、2016 年）164 － 180 頁（渡辺治執筆）参照。

の、共通している点は、憲法九条の「規範と現実の乖離」が極限にまで達しているという認識のもと、「解釈改憲」による立憲主義の破壊を回復するためにも、憲法九条を「きちんと改正」して自衛隊を憲法のなかに根拠づけ、そのうえで、その活動を「解釈の余地のない形で縛る」というものである。「立憲主義の観点からベストの解決」は九条を削除し、「安全保障の基本戦略」を憲法に書き込まずに、「通常の民主的な立法過程で、絶えず討議され、決定・試行され続けるべきだ」という主張もある。[*35]

これらの議論について立ち入った批判をする余裕はない。ただ、ここで二つだけ強調しておきたい。一つは「規範と現実の乖離」が極限にまで達しているという認識は正しいとしても、九条の規範力はなお存続しているということである。それは、前述の「武器等防護」「捜索救助」「駆け込み警護」などの例にみられるように、自衛隊が「普通の軍隊」としての全属性を発揮できていないことによっても明らかである。九条規範の背後に国民の世論と運動、メディアのなかの批判力がなお存在していることを看過してはならない。「護憲派の欺瞞」を説いて、憲法九条削除を主張しても、自衛隊・権力の側から「九条に関する指摘はうなずける」という賛意が出てくるだけである。[*36]この九条削除の論文が一二年前、「現実への倫理的タダ乗り」を論難しつつ登場したときに（『論座』掲載）[*37]、私はこれを「論理の鋭角的空回りが気になる」と論評したことがある。[*38]憲法九条をめぐる危機的な状況のなかで、「規範と現実の乖離」を「現実」の方に傾斜させる機能を果たすおそれはないか。論者の意図と狙いとは異なる効果が心配されるところである。

「新九条論」のもう一つの問題は、憲法九条の条文に手をつけて、そこに「違憲の憲法現実」のなかのあれこれの要素を条文化して取り込んだとしても、その新たな規範（新九条）が「現実」を効果的に拘束し、制限することができる保証はないということである。むしろ、「現実」に対して饒舌な「新九条」はそれこそ単なるプログラム規定となって、権力の側には痛くも痒くもないもの

*35　井上達夫『リベラルのことは嫌いでも、リベラリズムは嫌いにならないでください――井上達夫の法哲学入門』（毎日新聞出版、2015 年）43 － 66 頁。
*36　「混乱招く９条」自衛隊準機関紙『朝雲』2017 年２月 23 日付「時の焦点」。
*37　井上達夫「９条削除で真の『護憲』を」『論座』（朝日新聞社）2005 年６月号 22 － 23 頁。
*38　水島朝穂「学界展望」日本公法学会『公法研究』67 号（有斐閣、2005 年）298 頁。

になりかねない。徹底かつ厳格な九条規範が、かろうじて軍隊化の道から阻止しているのは、「普遍的な政治倫理」（奥平）としての側面のおかげではないか。その規範的オーラが、七〇年にわたってこの国の平和の「現実」を規定し続けてきたのであり、そこに、この国の平和や安全保障をめぐるダイナミズムがある。[*39] この四〇年あまり、憲法研究者の間で、憲法九条に基づく安全保障構想の研究が進んできた。[*40] 憲法九条に適合的な形に漸進的に「現実」を変えていく理論的な努力と営みこそ、平和主義の「現実化」とは言えまいか。

*39　水島・前掲『立憲的ダイナミズム』5－8頁。
*40　渡辺治他編・前掲書 238 － 272 頁（清水雅彦執筆）参照。

2015 年 5 月 17 日那覇市にて、米軍普天間飛行場の辺野古移設に反対する人々
（提供：共同通信社）

■第三章■

沖縄の自治への闘争から考える立憲地方自治

白藤　博行
専修大学教授

●はじめに●　沖縄県民に「諦めて」、本土に「忘れて」、米国には「任せて」

沖縄タイムス電子版（二〇一七年二月八日）に、以下のような記事がある（段落詰め）。岐路にたつ沖縄と日本国憲法の現在を端的に指摘している。

〝政府は名護市辺野古沖にコンクリートブロックを沈め、新基地建設の進展を宣伝した。三つのメッセージがある。県民に「諦めてください」。本土に「忘れてください」。米国に「任せてください」。思えば遠くに来た。新基地反対の知事と名護市長がそろった二〇一四年、工事がここまで進むと考えた県民は少なかっただろう。選挙でも運動でも十分に努力して、民意を示してきた。小泉政権が一つ前の基地建設案を断念した〇五年当時をはるかに上回るレベルに達している。あらためて、安倍政権は常軌を逸している。法解釈を曲げ、警察や海保を使って、偏執的なまでに米国の意向に沿った工事を進めてきた。沖縄側は強く対抗せざるを得ない。「危ない基地はいらない」という最低限の主張である。命を守る正当防衛と言ってもいい。行政の権限を使い尽くしても終わりではない。翁長雄志知事の妻、樹子さんはキャンプ・シュワブゲート前で「万策尽きたら夫婦で座り込むと約束している」と語ったことがある。戦後史を振り返れば、恩納村では村長が先頭に立って都市型戦闘訓練施設を建設させなかった。うるま市昆布の住民は復帰前、絶対権力者の米軍と直接対峙（たいじ）して土地接収を阻止した。政府の期待通りに諦めるか。やりきれないながらも、本土や米国に届くまで声を上げ続けるか。今また、歴史の岐路に立っている。（北部報道部・阿部岳）〃

沖縄県名護市辺野古沖の辺野古新基地建設をめぐる国と沖縄県との間の紛争は、直接的には、翁長雄志沖縄県知事の公有水面埋立承認取消処分から始まった。国による代執行訴訟をはじめとするさまざまな法的紛争は、国からの不作為の違法確認訴訟に限っては、二〇一六年一二月二〇日の最高裁判決（平成二八年（行ヒ）第三九四号）で「決着」をみた。二〇一六年九月一六日の福岡高裁那覇支部の〝異様な判決〃（平成二八年（行ケ）第三号）を修正しないまま、国の「勝訴」、沖縄県の「敗訴」を内容とするものであった。国は、最高裁における「勝訴」を理由に、先の辺野古沖工事の再開を強行したのである。これに対して、沖縄県は、沖縄県漁業調整規則に基づく岩礁破砕等許可の撤回、あるいは二〇一七年四月一日以降に新たに必要とされる同許可の拒否、公有水面埋立法に基づく埋立承認の撤回など、あらゆる知事権限を使って辺野古新基地建設を阻止する構えをみせている。

このような沖縄の地方自治をめぐる問題は、この間の地方分権改革をどのように総括するかの問題と深くかかわっている。一九九〇年代半ばに地方分権改革が始まってから、はや二〇余年を過ぎており、地方分権改革に直接かかわってきた学者や旧自治省の官僚による総括がなされており、一定の成果が強調されている（地方自治制度研究会編『地方分権二〇年のあゆみ』（ぎょうせい、二〇一五年））。また、地方分権改革は新たなステージを迎え、そこでは自治体の意思、個性、多様性を反映したかたちで今後の分権改革が進められるべきであるといった展望も示されている（神野直彦「地方分権改革の総括と展望」都市とガバナンス第二二号）。しかし、地方分権改革の延長上にある「地方創生改革」に対しては、「一見地方自治体の創意による改革であるが、その実、国としての一定の構想による改革を進める努力を放棄したかのようですらある」といった厳しい意見もある（牧原出「これからの改革戦略とは？」自治日報二〇一六年九月三〇日号）。そのほか、地方自治法はそもそも理念法であり、そこに現実離れした地方分権改革論を注入した改革を進めようとしたこと自体が間違っていたのだといった根源的批判もある（櫻井敬子「これまでの地方分権改革について」自治総研四二二号（二〇一三年一二月号）五五頁）。これらの批判に共通するのは、この間の地方分権改革が「中央集権の岩盤」にまでは手が届かなかったことにより諸問題が噴出しているという総括であろう（松本英照「巻頭言・地方分権推進決議から二〇年」自治実務セミナー五二巻八号（二〇一三年）一頁）。少なくとも、地方分権改革が当初予定したものとは違った状況に立ちいたっており、あるいは、当初予定した改革は正しかったが成果は今ひとつ予定したものになっていない、といった懐疑的な評価が散見されることは確かである。

そこで本稿では、辺野古争訟における国の行政・司法（裁判所）の行政法や地方自治法の解釈・運用のあり方をつぶさに検討することで、憲法の核心部分である民主主義、その民主主義の核心部分を占める地方自治と地方分権改革の現在を分析・検討することで、本書のテーマに迫りたい。つまり、辺野古訴訟における沖縄県の自治への闘争からみえる日本の立憲主義、法治主義、民主主義、そして地方自治の現状と課題を明らかにしたい。[*1]

●一● 辺野古争訟の概要――代執行訴訟から不作為の違法確認訴訟まで

さて、辺野古争訟の概要については、すでに別稿で整理したところであるが[*2]、若干の加筆修正を施し、以下の論述の基礎としたい。

① 翁長雄志沖縄県知事は、二〇一五年一〇月一三日、仲井眞弘多前沖縄県知事の「普天間飛行

*1 「辺野古訴訟における代執行訴訟等関与の意義と限界」紙野健二・本多滝夫編著『辺野古訴訟と法治主義』（日本評論社、2016 年）87 頁以下、「辺野古代執行訴訟の和解後の行政法論的スケッチ」自治総研 451 号（2016 年 5 月号）1 頁以下、「辺野古新基地建設問題における国と自治体との関係」法律時報 87 巻 11 号（2015 年）114 頁以下、「法治の中の自治、自治の中の法治――国・自治体間争訟における法治主義を考える」吉村良一ほか編『広渡清吾先生古稀記念論文集 民主主義法学と研究者の使命』（日本評論社、2015 年）245 頁以下、「辺野古埋立承認取消処分に関する国・自治体間争訟の論点」自由と正義 67 巻 4 号（2016 年）76 頁以下なども参照。
*2 白藤「法治主義の限界の諸相――沖縄県辺野古争訟を素材に」現代行政法講座編集委員会ほか編『現代行政法の理論』（日本評論社、2016 年）3 頁以下。

場代替施設建設事業に係る公有水面埋立承認」（二〇一三年一二月二七日。以下、「埋立承認」）について、「本件公有水面埋立出願は、……公有水面埋立法の要件を充たしておらず、これを承認した本件承認手続には法律的瑕疵が認められる」との「普天間飛行場代替施設建設事業に係る公有水面埋立承認手続に関する第三者委員会」の「検証結果報告書」に基づき、当該埋立承認を違法として取り消したのが本件の発端である。

② 防衛省沖縄防衛局（以下、「沖縄防衛局」）は、一〇月一四日、この埋立承認取消処分（以下、「本件処分」）の取り消しを求めて、地方自治法（以下、「自治法」）第二五五条の二に基づき、国交大臣を審査庁として、行政不服審査法（以下、「行審法」）上の審査請求および執行停止申立を行った。国交大臣は、一〇月二七日、「本件取消しにより、普天間飛行場の移設事業の継続が不可能となり、同飛行場周辺の住民等が被る危険性が継続するなど重大な損害が生じるため、これを避ける緊急の必要があると認められる」として、本件処分の執行停止決定を下した（審査請求は係属）。このため、沖縄防衛局による本件埋立関連工事は、再開されることになった。

③ 同日に、①本件処分は、何ら瑕疵のない埋立承認を取り消す違法な処分であること、②本件処分により、「普天間飛行場が抱える危険性の継続」、「米国との信頼関係に悪影響を及ぼすことによる外交・防衛上の重大な損害」など、著しく公益を害することが確認されること、および③本件処分の法令違反の是正を図るため、公有水面埋立法を所管する国交大臣において代執行等の手続に着手すること、といった内容の閣議了解が行われた。国交大臣は、一〇月二八日、この閣議了解を踏まえ、代執行等関与の手続（自治法第二四五条の八）を開始し、まずは、本件処分の取消「勧告」、続いて一一月九日、取消「指示」が行われた。沖縄県知事がこのいずれにも従わなかったため、国交大臣は、一一月一七日、同知事を被告として、福岡高裁那覇支部に対して代執行訴訟を提起した。

④　これに対して沖縄県は、一一月二日、国地方係争処理委員会（以下、「国地委」）に対して、国交大臣の執行停止決定の審査の申出を行った（自治法第二五〇条の一三。「第一次審査の申出」）。国地委は、一二月二四日、審査対象に該当しないとして審査の申出を却下した。そこで、沖縄県は、一二月二五日、那覇地方裁判所に対して、国を被告として国交大臣の執行停止決定の取消訴訟を提起した（以下、「処分取消訴訟」）。

⑤　代執行訴訟は、二〇一六年二月二九日に結審したが、国と沖縄県は、三月四日、かねてからの福岡高等裁判所那覇支部・多見谷裁判長の和解勧告を受け入れ、和解が成立した。具体的には、国は代執行訴訟を取り下げ、沖縄県知事は国地委の却下決定を不服として、国交大臣を被告として係属していた執行停止決定の取消訴訟（二〇一六年二月一日提起。以下「関与取消訴訟」）を取り下げ、沖縄防衛局は沖縄県知事の埋立承認取消処分に対する審査請求を取り下げた。さらに沖縄県は、三月九日、国を被告とする埋立承認取消処分にかかる国交大臣の執行停止決定の取消訴訟を取り下げた。

⑥　国と沖縄県の「和解条項」の内容は、代執行訴訟、関与取消訴訟および処分取消訴訟の取り下げのほか、以下のとおりである。①国は、沖縄県知事の埋立承認取消処分に対する是正の指示を行うことができる。②沖縄県知事は、この是正の指示に不服がある場合、是正の指示があった日から一週間以内に、国地委へ審査の申出を行うことができる。③沖縄県知事は、国地委が是正の指示を違法でないと判断した場合、審査結果の通知があった日から一週間以内に、是正の指示の取消訴訟を提起することができる。④沖縄県知事は、国地委が是正の指示を違法であると勧告したにもかかわらず、国が勧告に応じた措置をとらないときは、その期間が経過した日から一週間以内に、是正の指示の取消訴訟を提起することができる。以上、「和解条項」は、国の是正の指示にかかる取消訴訟判決確定までの間、国地委や裁判所における迅速な審理判断

への全面的な協力を義務づけたり、普天間飛行場の返還および本件埋立事業に関する円満解決に向けた協議を義務づけたりしており、一連の法的手続を経ることで、和解目的を達成する強い意欲が読み取れる内容となっている。ただ、この「和解条項」をめぐる国と沖縄県の間の解釈の違いは、のちに顕在化・深刻化することになる。

⑦　沖縄県は、「和解条項」に基づき、国地委に対して、是正の指示に関する審査の申出を行ったところ、国地委は、是正の指示の適法・違法の判断をせず、「是正の指示に立ち至った一連の過程は、国と地方のあるべき関係からみて望ましくないものであり、国と沖縄県は、普天間飛行場の返還という共通の目標に向けて真摯に協議し、双方がそれぞれ納得できる結果を導き出す努力をすることが、問題の解決に向けての最善の道であるとの見解」（六月一七日）を示した（「第二次審査の申出」）。この決定に従い、沖縄県は直ちに国に協議の申し入れを行ったが、国は、是正の指示に従わないことが違法であるとして、七月二二日、福岡高裁那覇支部に不作為の違法確認訴訟（自治法第二五一条の七）を提起するに至った。二回の口頭弁論期日を経て結審、九月一六日、国「勝訴」、沖縄県「敗訴」の判決を下した。

⑧　最高裁は、一二月一二日、上告に対しては棄却決定、上告受理申立てについては、一部受理を決定した。

⑨　最高裁は、一二月二〇日、上告棄却判決を下した。

●二●　国による立憲主義、法治主義、そして地方自治の侵害の諸相

1　沖縄防衛局による行政不服審査法の侵害

②の段階で重要なことは、沖縄防衛局が、翁長知事の埋立承認取消処分を無効にするために、国

交大臣に対し、行政不服審査法上の審査請求・執行停止申立を行ったことである。行政不服審査法は、そもそも一般国民が行政によって権利や自由を侵害されたときに、行政を相手に、行政処分の違法・不当を理由に審査請求をしたり執行停止を求めたりするための制度であるが、こともあろうに沖縄防衛局は、同局も同法上の「国民」であると主張して、審査請求・執行停止申立を行った。これは、「私人なりすまし」あるいは「国民なりすまし」とでもいうべきものである。沖縄防衛局は、行政組織法の観点からすれば明らかに国の行政機関であり、しかも公有水面埋立法上の埋立に際して、一般私人や地方公共団体が埋立免許を必要とするのに対して、国は埋立承認を得ればたりるとされており、私人等とは区別された特別な法的地位を与えられている。この特別な法的地位は、公有水面埋立法のあれこれの特別規定からすれば、埋立承認を得る国は私人が立ち得ない「固有の資格」を有するというほかない[*3]。したがって、国の行政機関である沖縄防衛局は、一般国民と同じ立場で行政不服審査法の審査請求・執行停止申立ができる立場にないと考えられる。それにもかかわらず、沖縄防衛局の審査請求申立人資格・執行停止申立人資格を認める解釈は、国民の権利利益救済法である行政不服審査法を、「行政機関救済法」に貶める違憲・違法の解釈である。

しかも、公有水面埋立法の所管大臣である国交大臣は、審査庁として立ち現れ、すみやかに本件処分の執行停止決定を行ったが、審査請求は裁決のなされないまま、和解の成立まで放置され続けた。もし和解がなければ、いまだに放置され続けていたかもしれない[*4]。ともあれ、沖縄防衛局と国交大臣の強力なタッグによって、翁長知事の埋立承認取消処分の法的効果は止められ、沖縄防衛局による埋立関連工事は再開されることになった。

2 国交大臣の代執行訴訟による地方自治法の侵害

③の段階では、国交大臣が、今度は自治法上の代執行等関与の関与主体として立ち現れ、代執行

*3　公有水面埋立法は、一般私人と地方公共団体が埋立事業主体となる場合、「埋立ヲ為サムトスル者ハ都道府県知事ノ免許ヲ受クヘシ」（第2条）とし、第4条でこの埋立免許出願要件を定めるほか、「埋立ノ免許ヲ受ケタル者ハ埋立ニ関スル工事竣功シタルトキハ遅滞ナク都道府県知事ニ竣功認可ヲ申請スヘシ」（第22条）として、埋立免許制度および竣功認可制度を定めている。他方、国が埋立事業主体となる場合ついては、「国ニ於テ埋立ヲ為サムトスルトキハ当該官庁都道府県知事ノ承認ヲ受クヘシ」（第42条第1項）とするだけで、「埋立ニ関スル工事竣功シタルトキハ当該官庁直ニ都道府県知事ニ之ヲ通知スヘシ」（同条第2項）として、国は都道府県知事に通知するだけで竣功認可を得る必要がない。たしかにこの埋立承認手続においては、埋立免許手続にかかる規定が多く準用されるところであるが、たとえば免許料（第12条）、埋立権の譲渡（第16条から第21条）、そして免許条件に違反した場合の取消や罰則

にかかる都道府県知事の監督措置（第32条、第39条、第40条）などの準用はない。この意味で、まさに同法における国は、私人とは異なる特別な法的取り扱いを受けることになっている。このような公有水面埋立法の埋立免許制度と埋立承認制度の規定の違いは、国が私人がとうてい立つことができない「固有の資格」に立つものであることの根拠たりうると考えるゆえんである。これに対して国は、たとえば監督措置（第32条）の適用・準用がないことについて、「国については、守るべき規律を守らないといった事態を通常想定することができず、万が一そのような事態が生じたとしても、監督措置を待つまでもなく自ら必要な措置を採ることが期待できるからである」（第1次審査の申出に対する国地委の決定通知書の別紙10「国水政第63号」（2015年12月18日）19頁注7）と述べている。それができていれば、本件辺野古争訟など、端から存在しないはずである。

訴訟にいたる手続を忽然と開始した。代執行訴訟とは、機関委任事務時代の職務執行命令訴訟に代わる制度として、一九九九年の地方自治法改正で新設された制度である。機関委任事務制度のもとでは、自治体に対する国の包括的な指揮監督権の行使が認められており、国は、自治体のどのような問題にも介入が可能であり、違法・不当を問わず、是正を求めることができた。まさに憲法の地方自治保障にもかかわらず地方自治が形骸化されてきた元凶といっていい制度であった。したがって、一九九九年改正地方自治法が機関委任事務制度を廃止した意味のひとつは、この包括的な指揮監督権を無くし、国の関与を縮減することにあったといえる。

しかし、住民の権利利益を侵害するなどの違法行政を継続する自治体が存在する場合には、国による適法性の確保の必要があるとして、国による自治体への関与自体は機関委任事務制度の廃止後も残されることになった。それが自治法第二四五条第一号に列挙された「助言又は勧告」、「資料の提出の要求」、「是正の要求」、「同意」、「許可、認可又は承認」、「指示」、「代執行」という関与類型（一方的関与）である（同第二号には、双方的関与としての「協議」）。また、この関与類型の中から、自治法が要件と効果を定めた関与が、自治法第二四五条の四から二四五条の八までの「技術的な助言及び勧告並びに資料の提出の要求」、「是正の要求」、「是正の勧告」、「是正の指示」および「代執行等」である。国は、直接、この自治法の法条を根拠にして自治体に関与することが可能になった（関与の一般法主義）。

さて、本件代執行訴訟では、国は、公有水面埋立法において法定受託事務とされている知事の埋立承認権限の行使について、いきなり最強・最終の関与である代執行等関与の手続を行ってきたことが争点となった。なぜなら、自治法第二四五条の三が、「国は、普通地方公共団体が、その事務の処理に関し、普通地方公共団体に対する国又は都道府県の関与を受け、又は要することとする場合には、その目的を達成するために必要な最小限度のものとするとともに、普通地方公共団体の自主性及び自立性に配慮しなければならない。」として定める関与の基本原則（関与の最小限度原則あるいは比例原則）に違反するからである。つまり、たとえ法定受託事務に関する関与とはいえ、是正の指示等のより緩やかな関与を行うべきところ、突然に最強・最終の代執行等関与を行うことは違法であるという問題である。また、より直截的には、自治法第二四五条の八が定める「各大臣は、その所管する法律若しくはこれに基づく政令に係る都道府県知事の法定受託事務の管理若しくは執行が法令の規定若しくは当該各大臣の処分に違反するものがある場合又は当該法定受託事務の管理若しくは執行を怠るものがある場合において、本項から第八項までに規定する措置以外の方法によつてその是正を図ることが困難であり、かつ、それを放置することにより著しく公益を害することが明らかであるときは、文書により、当該都道府県知事に対して、その旨を指摘し、期限を定めて、当該違反を是正し、又は当該怠る法定受託事務の管理若しくは執行を改めるべきことを勧告することができる。」の傍点の要件に違反することになる。

3　裁判官の「政治的行為」ともいえる訴訟指揮による地方自治権の侵害

沖縄県は、国交大臣の執行停止決定の取消訴訟等を提起するなど対抗措置を講ずるものの、代執行訴訟の審理は進められた。この代執行訴訟において特徴的だったのは、福岡高裁那覇支部の多見谷寿郎裁判長の再三にわたる和解勧告であった。国も沖縄県も当初は拒否したものの、最終的には、⑤で示した内容の「和解条項」で和解が成立した。

すでに第三回口頭弁論期日に、「代執行訴訟和解勧告文」が提示されていたようであるが、ここで指摘しておきたいのは、和解成立までの間に提案されたとされる「代執行及び国の関与取消訴訟和解案について」（二〇一六年二月二九日の和解期日まで当事者限りとされていた文書）である。この「和解案」では、国と沖縄県に対して、自治法第二五〇条の一三第一項に基づく国地方係争処

*4　実際、埋立承認取消問題に先立つ沖縄県漁業調整規則上の岩礁破砕等許可にかかる埋立等工事の停止指示事件において、沖縄防衛局は、改正前行政不服審査法第34条第3項および第4項の規定に基づき、沖縄県知事の工事停止指示が無効であるという審査請求と執行停止を申し立てた事件がある。この事件でも、審査庁である農水大臣は、直ちに工事停止指示の効力停止決定は行うものの、審査請求の裁決は放置したままである。沖縄防衛局の主張によれば、沖縄県漁業調整規則第39条第1項は、国の機関等と一般私人とを区別することなく岩礁破砕等許可の対象者としており、同局が「特権的立場あるいは優越的地位に基づきその固有の資格において処分の名あて人になるわけではなく、一般私人と同様の立場にたって処分の名あて人となったもの」にすぎないから審査請求は許されるとする。たしかに沖縄県漁業調整規則には、国の機関等が事業者である場合について特別の定めがないが、このことから直ちに沖縄

防衛局が一般私人と同様の立場にあると解されるわけではなく、同局が「固有の資格」を有するか否かの解釈によることになる。この「固有の資格」概念は、実定法上、改正前行政不服審査法第57条第4項（新法第7条第2項）、行政手続法第4条第1項および地方自治法第245条第1項において使用されているところであるが、「一般私人が立ちえないような立場にある状態」を指すというのが通説である。しかし、「一般私人が立ちえないような立場にある状態」とはどのような場合を指すのかは議論のあるところである。管見の限り、いまだに農水大臣の審査請求に対する裁決はなされていないのではないか。いずれにしても、簡易迅速な国民の権利救済を目的とする行審法が泣くではないか。

理委員会への審査の申出を行わないことの合意を求め、国が改めて行う是正の指示から三〇日経過後は、国は不作為の違法確認訴訟を提起することができるという内容が記されている。あわせて同判決が確定した後には、当該判決に従うことの確約も求められている。

しかも、「国地方係争処理委員会への審査申出を行わないことについて」と題した「和解案」の「補足説明」では、「双方とも国地方係争処理委員会の通知や勧告に従う意思はないものと思われる。そのような状況で、深く、複雑なかつ幅広い、困難な争点を有する本件の審理・判断を同委員会に求めることは、同じ紛争処理機関として、適切であるとは考えない」とあり、原告・被告の考え方についての裁判所の勝手な「憶測」と、国地方係争処理委員会の存在意義そのものの否定ともいえる内容が書かれている。自治法違反も甚だしい代物である。

この「和解案」は、いかにも国地方係争処理委員会制度の存在理由を否定し、何よりも地方自治法が保障する自治体の「審査の申出」権の保障、さらにそれに続く国に対する訴訟提起権の保障ともかかわる問題を含んでいることから、沖縄県弁護団はこれを拒否し、本件「和解条項」を内容とする合意に至ったものと解される。国と沖縄県のそれぞれの思惑から、和解が成立したものと思われるが、福岡高裁那覇支部の執拗な和解勧告と確定判決に対する執拗な黙従の要請は、裁判所のまっとうな訴訟指揮を超えた「政治的行為」ともいえるものであり、違法の誹りを免れない。

4　国による違法な是正の指示による地方自治権の侵害

国（国交大臣）は、「和解条項」に基づくとはいえ、和解成立からわずか三日後の二〇一六年三月七日、沖縄県に対し是正の指示を行った。土・日曜日を挟んでいるので、実質的に何らの協議もなく、是正の指示が行われたことがうかがえる。しかも、この是正の指示には、理由の付記がなされておらず、「是正の要求、指示その他これらに類する行為（以下本条及び第二五二条の一七の三第二項において「是正の要求等」という。）をするときは、同時に、当該是正の要求等の内容及び理由を記載した書面を交付しなければならない」と定めた自治法第二四九条に違反する違法な是正の指示であった。沖縄県の異議に基づき、違法な是正の指示を取り消し、あらためて是正の指示を行う始末である。自治法の定める手続・形式を軽んじ、是正の指示を急ぐ国の関与のあり方には、国と地方がいまだに上下主従の関係にあるといった、一九九九年自治法改正以前の機関委任事務時代の発想が根強く残っているというしかない。適正手続保障を重視する手続的法治主義になじまない、時代遅れの法治国家論である。国の訴訟代理人である定塚誠がいうところの「玲瓏な法律論」以前の問題であり、手続的正義に対する無頓着さは目に余るものがある。

5　国の不作為の違法確認訴訟による地方自治の侵害

沖縄県は、あらためて理由が付された是正の指示を受けて、国地委に対して、当該是正の指示に関する第二次審査の申出を行った。これに対して国地委は、あえて是正の指示の適法・違法の判断をせず、「是正の指示に立ち至った一連の過程は、国と地方のあるべき関係からみて望ましくないものであり、国と沖縄県は、普天間飛行場の返還という共通の目標に向けて真摯に協議し、双方がそれぞれ納得できる結果を導き出す努力をすることが、問題の解決に向けての最善の道である」との決定を行った。

この国地委の決定に従い、沖縄県は、直ちに国（内閣総理大臣、官房長官、防衛大臣、国交大臣）に協議の申し入れを行ったが、国は、この申し入れに対してまったく反応しないばかりか、決定から一か月が経過した七月二二日、沖縄県が是正の指示に従わないことが違法であるとして、福岡高裁那覇支部に不作為の違法確認訴訟（自治法第二五一条の七）を提起した。国の主張は、沖縄県が国地委の決定に対して法定期間内に同決定の取消訴訟を提起せず、また、是正の指示に対して何らの措置も講じない場合、この沖縄県の行為を「不作為」とみなし、その違法性を確認する訴訟が提起できるといったものである。

国からの不作為の違法確認訴訟の制度は、住基ネットにかかる問題を契機として、二〇一二年改正地方自治法で創設されたものである。つまり、住基ネットをめぐって、国立市や矢祭町などが接続を拒否し、東京都知事や福島県知事が是正の要求をしたにもかかわらず、これに従わなかったため、全自治体が住基ネットに接続するまでに一〇年以上の月日を要した。住民基本台帳法上、住民基本台帳事務は自治事務であるところ、市町村が住基ネットに接続しないことは同法違反であり、是正の要求がなされたにかかわらず、違法状態を放置することになったことが大きな問題とされた。そこで、自治事務の処理に関する国の関与の機能不全を解消するため、国からの不作為の違法確認訴訟制度が導入された。実際の立法化にあたっては、自治事務だけでなく、法定受託事務も訴訟の対象とされることになった。しかし、その理由は、法定受託事務のなかにも代執行訴訟がなじまない性質の事務が存在し、そのような事務の処理に例外的に不作為の違法確認訴訟を準備するというものであった。

ところが本件では、国はこの不作為の違法確認訴訟を駆使して、是正の指示に従わない沖縄県を訴えた。しかし、問題はそう簡単ではない。たしかに沖縄県は、埋立承認取消処分を取り消せという国の是正の指示には従ってはいないので、是正の指示に対する「不作為」が存在しないわけではない。しかし、沖縄県は、国地委が是正の指示の適法・違法を判断せず、「国と沖縄県は、普天間飛行場の返還という共通の目標に向けて真摯に協議し、双方がそれぞれ納得できる結果を導き出す努力をすることが、問題の解決に向けての最善の道である」とする決定に忠実に従って行動していることを忘れてはならない。もとより国地委への審査の申出は、正当な国地方係争処理手続の一環であり、たしかに沖縄県からすれば是正の指示が違法であるとの国地委の決定がなされなかったことには不満があるかもしれないが、真摯な協議をせよという「委員会の審査の結果又は勧告に不服がある」（自治法第二五一条の五第一号）わけではないという意味では、国地委の決定に対する取消訴訟の要件は満たしていない。したがって、沖縄県は、取消訴訟を提起する必要もないし、むしろ提起することができないのである。沖縄県にとっては、国に協議の申し入れを行うことこそが、自治法の趣旨にかなった行為である。そこには何らの不作為もない。むしろ国地委の決定を付度することもなく、沖縄県の協議の申し入れを無視し、不作為の違法確認訴訟を提起してきた国の行為の方にこそ問題があると考えられる。「国の協議の不作為」の違法こそ問われるべきである。

しかし、福岡高裁那覇支部は、国地委の決定も、沖縄県の協議の申出も無視し、わずか二回の口頭弁論期日を経て、二〇一六年九月一六日、判決に至った。裁判史上、行政法や自治法にかかる初めての判断が求められる論点を含む重要な裁判であるにもかかわらず、たった二回で結審された。裁判所は、代執行訴訟のときに十分な議論がされているとの趣旨を述べるが、代執行訴訟と不作為の違法確認訴訟の本質的な違いをまったく理解しない訴訟指揮であるといわねばならない。

6　一九九九年改正地方自治法の肝を理解しない福岡高裁那覇支部判決

福岡高裁那覇支部判決は、「国防・外交に関する事項は本来地方公共団体が所管する事項ではなく、地域の利益に関わる限りにおいて審査権限を有するにすぎない。そして、地方公共団体には、国防・外交に関する事項を国全体の安全や国としての国際社会における地位がいかにあるべきかという面から判断する権限も判断しうる組織体制も責任を負いうる立場も有しない。それにもかかわらず、本来知事に審査権限を付与した趣旨とは異なり、地域特有の利害ではない米軍基地の必要性が乏しい、また住民の総意であるとして四〇都道府県全ての知事が埋立承認を拒否した場合、国防・外交に本来的権限と責任を負うべき立場にある国の不合理とはいえない判断が覆されてしまい、国の本来的事務について地方公共団体の判断が国の判断に優越することにもなりかねない。これは、地方自治法が定める国と地方の役割分担の原則にも沿わない不都合な事態である。よって、国の説明する国防・外交上の必要性について、具体的な点において不合理であると認められない限りは、被告（沖縄県）はその判断を尊重すべきである。」と述べている。

しかし、憲法の地方自治保障や現行自治法の理念を前提にすれば、このような判決はありえない。一九九九年改正地方自治法は、第一次地方分権改革の議論を踏まえ、なにより国と地方の適切な役割分担の原則を掲げ、かつての国と地方の関係を上下主従関係から対等・協力の関係にすることを目的としている。つまり、国と自治体は、それぞれの役割を適切に分担することによって、国民・住民の基本的人権保障をはかることを至上の目的としている。

そのために機関委任事務に代わって導入された新しい事務区分（自治事務と法定受託事務）においては、「事務の本籍主義」ではなく「事務の現住所主義」が採用されている。つまり、あくまでも国の本来的事務か自治体の本来的事務かといった事務の本来的帰属にこだわった「事務の本籍主義」とは異なり、自治事務であろうが法定受託事務であろうが、当該事務を処理することとされているのが自治体である限り、その事務は、法的には「地方公共団体の事務」であるというのが、「事務の現住所主義」の肝である。ここには、「国の本来的な事務」といった観念は存在しないのである。

したがって、公有水面埋立法が、埋立承認を都道府県知事の法定受託事務であると明記している限り、埋立承認や埋立免許に関する事務は、法律上、地方公共団体の事務であるということになる。この点、本件高裁判決は、自治法の根本原則を忘れ、「事務の本籍主義」に立って、外交・国防は「国の本来的事務」であるといった時代錯誤の誤った判断をしている。なかでも「国の説明する国防・外交上の必要性について、具体的な点において不合理であると認められない限りは、被告はその判断を尊重すべきである」というくだりは、典型的な上意下達の事務論であり、地方分権改革の精神だけではなく、憲法が保障する「地方自治の本旨」まで無視するものであるといわねばならない。

●三● 不作為の違法確認訴訟最高裁判決以後の争点

1 最高裁判決の内容

結局、福岡高裁那覇支部判決は、国「勝訴」、沖縄県「敗訴」という結果に終わった。最高裁も、以下のように判断した。仲井眞前沖縄県知事の公有水面埋立法の埋立承認にかかる広範な行政裁量権を認めたうえで、仲井眞知事の埋立承認処分は、同法の埋立承認の要件（第四条第一項各号）を満たす適法なものであり、この適法な埋立承認処分を取り消した翁長知事の埋立承認取消処分は違法である。この翁長知事の違法な埋立承認取消処分に対する国交大臣の是正の指示は適法に行われており、この適法な是正の指示に従わない翁長知事の行為に対して、国交大臣が自治法第二五一条の七第一項に基づき、不作為の違法確認訴訟を提起したところ、翁長知事が是正の指示にかかる措置を講じないことが許容される根拠は見出しがたく、したがって埋立承認取消処分を取り消さないことは違法である。沖縄県が国地委の決定に従って行った協議の申し入れは、この結論を左右しない。原審の判断は、結論において是認することができるというものである。最高裁は、不作為の違法確認訴訟にかかる福岡高裁の誤謬を修正することはなかった。

2 最高裁判決後の国の海上工事の強行

福岡高裁判決も最高裁判決も、沖縄県民の「民意」を無視し、政府の「国意」にのみ従属する不当判決であるにもかかわらず、翁長知事は、粛々と判決に従い、二〇一六年一二月二六日、埋立承認取消処分の取消しを国に通知し、沖縄県行政の最高責任者としての矜持をみせた。ただし、これは、国と沖縄県の「和解条項」にある確定判決に従うという意味では決してない。⑥で示した「和解条項」は、沖縄県が提起する取消判決にかかるものであり、国地委が適法・違法判断をしない決定を行ったことによりシナリオはまったく変わった。国は自ら「和解条項」から逸脱した不作為の違法確認訴訟の提起にいたったのである。

しかし新聞報道によれば、安倍総理大臣や菅官房長官らは、不作為の違法確認訴訟にかかる最高裁判決によって、国と沖縄県の係争はすべて解決済みの問題であるかのごとく喧伝しているようである。ここには、翁長知事の埋立承認取消処分の取消しを、あたかも「和解条項」で予定した確定判決に従ったものであると喧伝することで、「和解」を盾に辺野古争訟問題を一気に国の思惑通りに動かそうとする意図が明白である。これは、今後予想される翁長知事の辺野古新基地建設阻止の権限行使に対する牽制の意味合いが強いものであり、裁判上の和解の制度を台なしにするものである。そればかりか、国の海上工事はこれを根拠に強行された。

3　最高裁判決後の沖縄県の忍耐と自治への闘争

(1)　国の埋立工事の再開

最高裁の判決後、沖縄県は、埋立承認取消処分の取消しを国に通知すると同時に、仲井眞前知事が行った埋立承認書（平成二五年一二月二七日付沖縄県指令土第一三二一号・沖縄県指令農第一七二一号）に付記された「留意事項」のうち、「工事の施工について」にかかる「工事の実施設計について事前に県と協議を行うこと」に基づき、「平成二七年度の事前協議」の再開を求めた（二〇一六年一二月二六日）。ところが、国は、「平成二七年度の事前協議」はすでに終了している旨の回答を行い（一二月二七日）、同日、海上工事を再開した。

沖縄県が、事前協議の必要性等を縷々指摘し、国からも護岸の一部にかかる実施設計協議書が出されるなどのやり取りがあったが、二〇一七年二月七日、国は、汚濁防止膜設置にかかるコンクリートブロックの投入を再開した。いまもなお、沖縄県からは実施設計にかかる事前協議等の必要性や環境保全対策等についての問題点の指摘が続けられているが、二〇一七年三月一五日、国は、ついに埋立工事にかかる海底地形の改変等を必要とする場合においても、沖縄県が必要とする岩礁破砕等許可の新たな申請（再申請）を四月以降に行わないまま工事を続行する旨を沖縄県に伝えた。

(2) 岩礁破砕等許可の法律問題

国が海上工事を再開したことに伴い岩礁破砕等許可をめぐる問題が再燃している。沖縄県漁業調整規則は、「漁業法（昭和二四年法律第二六七号）及び水産資源保護法（昭和二六年法律第三一三号）その他漁業に関する法令とあいまつて、沖縄県における水産資源の保護培養、漁業取締りその他漁業調整を図り、併せて漁業秩序の確立を期することを目的」としており、同規則第三九条は、水産資源保護法を受けて、漁場内の岩礁破砕等許可について、「漁業権の設定されている漁場内において岩礁を破砕し、又は土砂若しくは岩石を採取しようとする者は、知事の許可を受けなければならない。」と定める。

国は、この岩礁破砕等許可を不要とするために、これまでの埋立工事区域に加えて「臨時制限区域」すべてについて、名護漁業協同組合と漁業補償契約を締結し、漁業権放棄の手続を済ませたとする。国が主張するように、これによって漁業権が消滅したとすれば、「漁業権の設定されている漁場」ではなくなるわけであるから、岩礁破砕等許可がなくても埋立関連工事が続行できるというわけである。これに対して、沖縄県は、当該区域における漁業権はいまだ消滅しておらず、漁業権の縮小変更には、漁業法第二二条「漁業権を分割し、又は変更しようとするときは、都道府県知事に申請してその免許を受けなければならない。」に基づく知事の変更免許が必要であり、その手続が済んでいないので漁業権は消滅していないという立場である。この立場からすれば、国が四月以降も工事を続行する場合には、新たな岩礁破砕等許可が必要であるということになる。

国は、岩礁破砕等許可の申請の場合も、「私人（事業者）としての国」の立場を貫いているようであるが、漁業権の消滅とそれに伴う岩礁等破砕許可の問題については、防衛省が早い段階から水産庁や法務省と法律解釈を協議しており、「水産庁のお墨付き」の論理であると報道されている（沖縄タイムス二〇一七年三月一五日）。たしかに、沖縄防衛局から翁長知事宛の「普天間飛行場代替施設建設工事に係る岩礁破砕等許可手続について（通知）」（二〇一七年三月一五日付沖防衛第一二八〇号）には、水産庁への照会文書と回答が添付されており、漁業法第三一条に基づく組合員の同意および水産業協同組合法第五〇条に基づく特別決議を経た場合は、漁業法第二二条の漁業権の変更免許がなくとも漁業権は消滅するという解釈が示されている。

しかし、水産庁長官から沖縄県知事宛への技術的助言「漁場計画の樹立について」（平成二四年六月八日付二四水管第六八四号）によれば、漁業補償契約等による「漁業権の変更」について、「かかる契約行為はあくまでも当事者間の民事上の問題であり、法第二二条の規程上、このことにより漁業権が当然に変更されるものではありません」と明記されている。漁業法第三一条に基づく組合員の同意および水産業協同組合法第五〇条に基づく特別決議を経た漁業権の放棄が、いかなる意味でこの技術的助言の「例外」に当たるかの説明責任は、技術的助言の関与主体である水産庁長官にあろう。たとえ非権力的関与であり、従う義務のない技術的助言とはいえ、その変更理由については、説明しなければならない。さもなければ、違法の関与である。

いずれにしても海水の汚濁拡散防止膜を張る作業が環境保全策等を確認する事前協議や汚濁拡散防止膜の設置計画の確認を終わらないままに行われてよいはずがない。しかし、すでに沖縄防衛局は、この汚濁拡散防止膜の設置工事を沖縄県への一方的な通告で始めてしまっている。現行の岩礁破砕等許可の下であっても、水産資源保護法が「水産資源の保護培養を図り、且つ、その効果を将来にわたつて維持することにより、漁業の発展に寄与すること」を目的とし、かつ、沖縄県漁業調整規則が「沖縄県における水産資源の保護培養」を目的とする限り、同許可権者である翁長知事の工事停止等の行政指導を無視する国のやり方は望ましくない。場合によっては、岩礁破砕等許可(平成二六年八月二八日付沖縄県指令農第一三一八号)に付された「七　知事が工事の進捗状況等について説明を求めた場合には、遅滞なく資料を提出すること。」あるいは「九　本申請外の行為をし、または付した条件に違反した場合には、許可を取り消すことがある。」といった「条件」違反で許可を取り消すことは、十分に考えられる沖縄県の自治への闘争の選択肢である。

(3)　埋立承認撤回の法律問題

さて、国が国費を浪費して名護漁業協同組合に漁業権を放棄させ、沖縄県漁業調整規則の目的である「沖縄県における水産資源の保護培養」をあからさまに侵害してでも工事を続行することになれば、公有水面埋立法上の埋立承認そのものの適否にかかる問題が生じることになる。仮に、最高裁判決がいうように、たとえ埋立承認そのものが適法に行われたと解釈できたとしても、後発的事情の変化によっては、埋立承認の撤回が現実味を帯びてくることになる。

この点、仲井眞前知事の埋立承認書にも、「留意事項」なるものが添付されており、「工事の施行について」や「工事中の環境保全対策等について」などの留意事項の記述がある。とくに「工事の施行について」においては、「工事の実施設計について事前に県と協議を行うこと」と記されており、埋立承認の撤回にかかる重要な論点を含んでいる。

まず、「留意事項」とは、公有水面埋立法上の埋立承認にあたって、埋立免許に付される「免許条件」に相当する条件と解することができる。この条件とは、公有水面埋立法施行令第六条「都道府県知事ハ埋立ニ関スル法令ニ規定スルモノノ外埋立ノ免許ニ公益上又ハ利害関係人ノ保護ニ関シ必要ト認ムル条件ヲ附スルコトヲ得」とあることから、埋立免許だけではなく、埋立承認にも準用されるものと一般に解されている。[*5] ところが埋立免許の免許条件に違反した場合の取消や罰則等にかかる規定は、埋立承認には準用されていない（第三二条、第三四条、第三九条、第四〇条など。本稿注*3も参照）。

実は、これが最大の難問になる。すなわち、公有水面埋立法の実務においては、埋立免許の出願時には、埋立にかかる「設計の概要」をもって埋立免許の可否を判断し、その際、免許条件を付して期間を定めて「実施設計」の認可を受けて初めて埋立工事に着手することができる手続がとられている。この場合、公有水面埋立法第三四条第一項柱書「左ニ掲クル場合ニ於テハ埋立ノ免許ハ其ノ効力ヲ失フ但シ都道府県知事ハ宥恕スヘキ事由アリト認ムルトキハ効力ヲ失ヒタル日ヨリ起算シ三月内ニ限リ其ノ効力ヲ復活セシムルコトヲ得此ノ場合ニ於テハ埋立ノ免許ハ始ヨリ其ノ効力ヲ失ハサリシモノト看做ス」とあり、たとえば「実施設計認可申請書」の未提出があったり、実施設計が不認可になったりすれば、当該免許は失効することとなっている。このように、埋立免許制度では、免許の失効制度や実施設計の認可制度でもって、出願時の不十分な審査を補うことが用意されている。

ところが埋立承認制度にはこの法第三四条の準用がないため、免許の失効制度や実施設計の認可制度がない。そのため「設計の概要」の審査結果に基づき埋立承認をいったん交付し、これに「承認条件」を付けて、その後実施設計が不認可になる場合などに失効させるといった方策が取れないようになっている。そこで沖縄県の場合は、沖縄防衛局の埋立承認出願に際して、「設計の概要」をまずは審査し、のちにボーリング調査等の結果を踏まえ設計した護岸等の実施設計の結果を待って、「災害防止ニ付十分配慮」されているかどうかなどを審査・確認するため、国に事前協議を求めてきたわけである。したがって、国がこの事前協議に応じないまま埋立工事に着手することになれば、埋立免許でいうところの実施設計の認可を得ないまま工事に着手することになってしまい、

*5　建設省河川局水政課監修・建設省埋立行政研究会編著『公有水面埋立実務ハンドブック』（ぎょうせい、1995年）134頁。ここでの叙述は、沖縄県辺野古新基地建設問題対策課の資料提供に基づくところが多い。

とても「沖縄県における水産資源の保護培養」どころか、「国土利用上適正且合理的ナルコト」の確保や「環境保全及災害防止」もままならないことになる。

国は、あくまでも公有水面埋立法上の免許と承認は単なる用語の違いであって、埋立承認出願をするにあたっては私人と同じ立場であると主張するが、公有水面埋立法は、第三二条や第三四条といった決定的に重要な制度において、決定的に重要な区別を施している。[*6] 私見では、これらの区別は、前述のごとき国は不正義をなさずといった国性善説で説明できるものではなく、国は、公有水面埋立法上、「固有の資格」を有するものと解することが最善の解釈であると確信するが、もしそうではなくて、あくまでも私人と同じ立場であるというならば、実施設計の認可制度を代替する意味を持つところの承認権者である知事の事前協議の求めに関しては、誠実に応じるべきであり、これに応じない国の行為は違法であり、かかる後発的事情の変化を理由とする埋立承認の撤回もやむをえないということになろう。

●おわりに●　沖縄県民は「諦めない」、本土は「忘れない」、政府には「任せない」

沖縄に対しては、日本の大半の米軍基地を押し付けながら、基地経済で成り立っているのだからといって沖縄を叩く「沖縄バッシング」や、そもそも沖縄の基地問題を無視するかのごとき「沖縄パッシング」といった沖縄特有の地方自治侵害がある。これらは、日本に蔓延するヘイトシステムであるＮＩＭＢＹ（Not In My Back Yard）の一種である。しかし、辺野古争訟にかかる法治主義や地方自治の侵害の限界の諸相を概観してきたところによれば、より本質的な問題として、地方自治の侵害のピラミッド構造があるようである。いわば「法治主義的自治侵害」とでもいうべき問題が潜んでいるようであり、これは沖縄だけではなく、日本全体に関係する普遍的問題かもしれない。

*6　公有水面埋立法の埋立免許違反に対する知事の監督措置権限は、以下のとおりであるが、埋立承認違反に対する適用・準用の規定はない。

第32条　左ニ掲クル場合ニ於テハ第22条第2項ノ告示ノ日前ニ限リ都道府県知事ハ埋立ノ免許ヲ受ケタル者ニ対シ本法若ハ本法ニ基キテ発スル命令ニ依リテ其ノ為シタル免許其ノ他ノ処分ヲ取消シ其ノ効力ヲ制限シ若ハ其ノ条件ヲ変更シ、埋立ニ関スル工事ノ施行区域内ニ於ケル公有水面ニ存スル工作物其ノ他ノ物件ヲ改築若ハ除却セシメ、損害ヲ防止スル為必要ナル施設ヲ為サシメ又ハ原状回復ヲ為サシムルコトヲ得

1　埋立ニ関スル法令ノ規定又ハ之ニ基キテ為ス処分ニ違反シタルトキ

2　埋立ニ関スル法令ニ依ル免許其ノ他ノ処分ノ条件ニ違反シタルトキ

3　詐欺ノ手段ヲ以テ埋立ニ関スル法令ニ依ル免許其ノ他ノ処分ヲ受ケタルトキ
4　埋立ニ関スル工事施行ノ方法公害ヲ生スルノ虞アルトキ
5　公有水面ノ状況ノ変更ニ因リ必要ヲ生シタルトキ
6　公害ヲ除却シ又ハ軽減スル為必要ナルトキ
7　前号ノ場合ヲ除クノ外法令ニ依リ土地ヲ収用又ハ使用スルコトヲ得ル事業ノ為必要ナルトキ

*7　この部分は、前掲・注 *2 の拙稿 29 頁。

*8　今村「沖縄辺野古問題と『楕円的構図』による把握」自治総研 2016 年 9 月号表紙裏頁。

つまり、国と地方の間における法治主義・法の支配の未定着が地方自治の未定着の原因となり、これは当然のごとく、人間の尊厳と基本的人権保障の未定着という憲法問題の原因となっている。室井力の「公共性論」は、①人権尊重主義＝公共性の実体的価値的側面、②民主主義＝公共性の手続的制度的（技術的）側面、③平和主義＝平和に生きる権利（平和的生存権）という実体的価値的公共性＋平和的生存権保障のための手続的制度的公共性の具現化を提唱するものであったが、人権保障と民主主義の確保されないところでは、平和・平和主義は欺瞞的なものにならざるをないとも述べていた。これに倣えば、人権保障と民主主義の確保されない法治主義・法の支配も欺瞞的なものにならざるをえないことになろう。

この観点からみれば、辺野古争訟における国の法治主義・法の支配論は、いわば安保・基地を優先する偏頗な国の責任論であり法治主義であり、憲法が保障する地方自治や憲法附属法たる地方自治法によるその具体化を無視・軽視する法治主義のようにみえる。このような「安保の中の地方自治」に代わって、「憲法の中の地方自治」を保障する法治主義・法の支配の確立が喫緊の課題ということになろう[*7]。

いうまでもないことだが、地方自治は民主主義の核心であり、民主主義は憲法の核心である。それゆえに、地方自治は憲法の核心であることになる。その地方自治の最先端の沖縄において、国と地方の対等性の破れ・協力関係の破れが生じている。この辺野古争訟を、沖縄特有の問題と考えてはならない。沖縄の地方自治に主権者として真正面から向かい合えば、日本の地方自治の問題であることが明白となる。沖縄が地方自治を守ることによって守ろうとしているのは、憲法が保障する基本的人権や民主主義であるからである。憲法の基本的理念や価値を投げ捨てないように、国民はその意味を持続的に考え尽くす必要がある。

その際、今村都南雄の意味深な議論が示唆的である[*8]。今村は、トクヴィルの著書『アメリカのデモクラシー』に触れ、トクヴィルが法曹精神を「民主政治に対する均衡の重し」であるとしていることに言及し、以下のように書いている。「『法律家は利益と生まれで人民に、習性と趣味では貴族に属する。……二つをつなぐ環のごときもの』であって、法律家に見られる「法律家精神と民主的精神とのこの混合なくして、民主主義が社会を長く統治しうるとは思わない」という。（中略）法曹人や法律家に「民主政治に対する均衡の重し」としての役割を彼が期待するのもこのゆえである。」

その上で、辺野古訴訟について、「『楕円的構図』における一方の焦点を、たとえば翁長沖縄県知事がくり返し主張されてきた憲法上の「地方自治の本旨」に置くことで足りるのかどうか、もっと端的に「法治主義」を設定することが妥当なのか、また、それに対峙するもう一方の、訳のわからない国側の出方につらなる動きについては、はたしてどのように焦点化し概念化したらよいのか、そのことにかんしてどうか真剣に考えをめぐらせてみてほしい」と書いている。

一方に地方自治ないし法治主義を置き、もう一方に「訳のわからない国の出方につらなる動き」を置いて、これらを両極に置いて考えること自体が正しいのかどうかということから根源的に考える必要があるといった問題提起である。法律家が、「地方自治の本旨」が国によって侵害されているならば、裁判で法律に基づいて決着をつけるべきだと考えるのが当然であるが、はたしてそれだけでいいのかという問題提起である。今村の指摘は、短文でありレトリックが強い文章なので、その真意を図りがたいところがあるが、これまでの法治主義だけでは割り切れない問題の存在を肯定し、あえて言えば、民主主義において熟議民主主義が求められるように、法治主義においても当事者同士の熟議なるものが必要になる場合があるということを示唆しているように思えてならない。

民主主義論において、熟議・討議民主主義論が唱えられて久しいが、裁判所の和解で提示された「円満解決に向けた協議」、あるいは国地委が国と沖縄県の紛争当事者間における共通の基盤づくりのための「真摯な協議」は、裁判所というフォーラムで、あるいは国地委という場で、民主的な協議をすることに基づく法治主義の実現を提案していることと善解したい。これをさしあたり、「協議法治主義」、あるいは「熟議法治主義」と呼ぶとして、維持可能な現代法治主義の選択肢（オールタナティヴ）としてこれを具体的に探究することを今後の課題としたい。

　辺野古争訟では、立憲主義、基本的人権保障、法治主義、民主主義、地方自治、平和主義をあざ笑うかのごとき「潰憲判決」が続いた。裁判所は、「三途の川を渡る」ではないが、「三権の矩を踰え」てしまったかのごとくである。しかし、沖縄県民は「諦めない」、本土は「忘れない」、そして日本の政府には「任せない」ことが重要である。国治が自治を潰し、無知が法治を潰すようにみえる今こそ、立憲地方自治の重要性を確認して、憲法の核心・地方自治の核心を守る覚悟を持ちたい。

■第四章■

特定秘密保護法と表現の自由

村井　敏邦

法学館憲法研究所研究員
一橋大学名誉教授

秘密保護法 成立

与党、深夜の採決強行

知る権利侵害 懸念残し

中日新聞2013年12月7日付朝刊

「そこかしこで無理が通れば道理が引っ込み、次々に整合性を失って破綻してゆく物事は、一時的な辻褄合わせが施されても、最後は放置されるほかはない。集団的自衛権の最初の一歩とするために、ＰＫＯ五原則を無視して南スーダンに派遣されている自衛隊は、まさにその例である。」

高村薫「もう後がない」図書二〇一六年一二月号一五頁より

●一● 表現の自由の意義

表現の自由は、基本的人権の、さらなる基本である。国による人権侵害は、表現の自由を制限、否定することから始まる。歴史的にも、権力者は、まず表現行動を抑圧した。明治における讒謗律、新聞紙条例、出版条例などによって象徴される。

権力者は、自らが批判されることを極端に嫌う。「嫌いだ」と叫んでいるだけならばよいが、権力者は、その嫌いという感情を単なる個人的感情にとどめ置かないで、治安立法という形で表そうとする。そこに、表現の自由への抑圧が生まれる。

現在の日本の権力者安倍晋三は、この抑圧を憲法改正によって正当化しようとしている。

●二● 自民党改憲草案における表現の自由の位置づけ

安倍晋三率いる自民党は、日本国憲法を押し付け憲法と排し、日本国憲法草案なるものを発表して、憲法を改正しようとしている。

自民党憲法草案二一条は、一項では、集会、「結社及び言論、出版その他一切の表現の自由は、保障する。」として、現行憲法と同様、表現の自由を保障するかのような体裁をしている。しかし、現行憲法にはない二項を設けて、「前項の規定にかかわらず、公益及び公の秩序を害することを目的とした活動を行い、並びにそれを目的として結社をすることは、認められない。」と、表現の自由を否定する。

この二項について、その趣旨を次のように示している。

「自民党の憲法草案では集会、結社及び言論、出版その他表現の自由について、公益及び公の秩序を害することを目的とした活動及びそれを目的とした結社を禁止する規定を設けました。これは、オウム真理教に対して破壊活動防止法が適用できなかったことの反省などを踏まえ、公益や公の秩序を害する活動やそれを目的とした結社を認めないことにしたのです。内心の自由はどこまでも自由ですが、それを社会的に表現する段階になれば、一定の制限を受けるのは当然です。

二一条二項では、他の箇所の「公益や公の秩序に反する」という表現と異なり、「公益や公の秩序を害することを目的とした」という表現を用いて、表現の自由を制限できる範囲を厳しく限定しているところです。

かつ、その禁止する対象を「活動」と「結社」に限っています。「活動」とは、公益や公の秩序を害する直接的な行動を意味し、これが禁じられることは、極めて当然のことと考えます。また、そういう活動を行うことを目的として結社することを禁ずるのも、同様に当然のことと考えます。

したがって、この規定をもって、公益や公の秩序を害する直接的な行動及びそれを目的とした結社以外の表現の自由が制限されるわけではありません。

いずれにしても、この規定に伴って、どのような活動や結社が制限されるかについては、具体的な法律によって規定されるものであって、憲法の規定から直接制限されるものではありません。[*1]」

「内心の自由はどこまでも自由ですが、それを社会的に表現する段階になれば、一定の制限を受けるのは当然」というが、どのような理由で「当然」なのか。内心で思っていることを外に表わさないにもかかわらず、これを禁止することになれば、人は社会生活ができなくなる。「内心の自由」は、それを外に表わすことが自由にできなければ、それを保障することにならない。上記の解説は、この「当然」の理を「当然」のごとく否定している。

右記解説は、表現の自由の制限は、厳格にしているとも言っている。「公益や公の秩序に反する」ではなく「公益や公の秩序を害する目的」としていることを指しているようであるが、これで厳格になっているというは、だれが理解できるのか。単に「反する」ではなく、「害する」程度でなければいけないというのであろうが、現に「害する」ことを必要としているのではなく、「害する目的」があればよいのである。「反する目的」なのか「害する目的」なのか、どうして区別するのであろう。そもそもが「公益または公の秩序」という概念があいまいな上にである。

実は、表現の自由を保障している現行憲法の下にあっても、これを制限しようとする動きは脈々と続いてきた。その例を秘密保護法制の歩みをトレースすることで見てみよう。

*1　自由民主党「日本国憲法改正草案Q&A　増補版」15頁。

●三● 戦後の秘密保護法制と表現の自由侵害の歴史

第二次大戦後の占領期、朝鮮戦争勃発までは、占領政策としての民主化政策の下、軍機保護法や国防保安法などの戦前の秘密保護法制は廃止された。反面、ポツダム政令による団体等規制令によって、占領政策に抵触する結社と表現は制約された。（戦後第一期）

朝鮮戦争勃発によって、占領政策の転換期に入り、国家公務員法が制定され、公務員の秘密漏示罪が設けられ、政治的行為が禁止された。また、アメリカ軍を保護する刑事特別法が制定され、合衆国軍隊の機密を侵す罪が設けられた[*2]。

一般法の領域では、破壊活動防止法（破防法）と公安調査庁設置法が制定され、本格的治安立法展開の時代となった。（戦後第二期）

破防法には、特定秘密保護法に盛り込まれた独立教唆罪や共謀罪も設けられた。特定秘密保護法のモデルは、すでにここにも見られる。

次いで、一九五一年にサンフランシスコ講和条約が締結され、サンフランシスコ講和体制へと入る。条約締結に引き続いて、日米相互防衛援助協定（旧日米安保条約）に伴う秘密保護法（いわゆるＭＤＡ秘密保護法）が制定された。この中で、「特別防衛秘密」の探知、収集、漏えい行為の処罰が規定され、いわば特定秘密保護法の原型が示された。同時に、自衛隊法が制定され、自衛隊員の守秘義務規定が設けられた。秘密保護法制の整備の時代の到来である。（戦後第三期）

一九六〇年、日米安保条約が改定され、日米新安保体制に突入する。翌六一年、浅沼社会党書記長の暗殺事件が起き、テロ防止を口実として、政治的暴力行為防止法（政暴法）案が議員立法として衆議院に提出された。この法案に対しては、政治活動の自由を制限するとして、国民の反対が強

*2 戦後の秘密保護法制の歴史については、村井「刑事法から見た秘密保護法の問題点」海渡雄一他編『秘密保護法　何が問題か——検証と批判』（岩波書店、2014 年）176 頁、とくに、177 頁以下参照。

く、衆議院は通過したが、参議院では議決に至らず、廃案となった。(戦後第四期)

一九六〇年から一九七〇年代にかけては、刑法の全面改正作業が進められ、その中で、秘密の探知、漏えいに関する規定の提案が行われた。まず、六〇年に発表された改正刑法準備草案（未定稿）では、機密探知罪が提案された。しかし、この規定に対しては、報道の自由を侵害するおそれがあるなどの批判が強く、七四年に発表された改正刑法草案からは除かれた。しかし、改正刑法草案に盛られた公務員機密漏示罪、企業秘密漏示罪も言論・表現の自由を侵害するとして、弁護士会その他からの批判が強く、その他草案に対しては、基本的人権の観点からの問題が多いという反対が強く出されたために、刑法の全面改正作業は頓挫した。

一九八〇年、防衛庁機密漏えい事件が発生し、これをきっかけとして、スパイ防止法案が作成公表された。これは、刑法改正作業において提案された機密漏示罪を復活させようとするもので、当然のことながら、弁護士会、言論界からの反対が強く、法案が提出されたものの、結局は、廃案となった。(戦後第五期)

一九九四年松本サリン事件、九五年地下鉄サリン事件と、オウム真理教による事件が発生し、さらには、二〇〇一年の九・一一が発生し、日本のみならず、世界的傾向として、安心、安全が強調される時代になった。とくに、日本では、実際上の治安の悪化ではなく、いわゆる「体感治安」の悪化が顕著になった。これをバックボーンにして、いわゆるテロ対策法が制定された。自衛隊法の一部改正によって「防衛秘密」保護規定が新設され、いわゆる有事関連三法（武力攻撃事態法、改正安全保障会議設置法、改正自衛隊法）が制定された。防衛秘密保護体制の整備時期となった。(戦後第六期)

とくに、改正自衛隊法は、自衛隊員の秘密漏えいのほかに、防衛秘密の取扱業者による漏えいをより重く処罰し、過失による漏えい処罰を設け、共謀、教唆、煽動を処罰するなど、特定秘密保護法の先取り規定をもっていた。

●四● 特定秘密保護法の制定

二〇〇八年、自民党政権下で設置された「秘密保全法のあり方に関する検討チーム」の作業を継承する形で、民主党政権下では、秘密保全法制定への動きが開始され、秘密保全のための法制の在り方に関する有識者会議が設置され、二〇一一年「秘密保全のための法制の在り方について」と題する報告書が発表された。

安倍政権は、民主党時代にまとめられた秘密保全法制の骨格を引き継ぐ形で、法案の作成を行い、二〇一三年一〇月二五日、特定秘密保護法案の閣議決定を行い、直ちに、衆議院に提出した。一一月七日から衆議院で審議入りし、同月一九日に民主党が対案を提出したが、二六日に自民・公明・みんなの賛成多数で可決した。この間の審議時間は、約四六時間であった。

同月二七日、参議院で審議入りした。一二月五日、二二時間の審議の後、参院国家安全保障に関する特別委員会で質疑打ち切りの強行採決で、賛成多数で可決された。翌六日夜、参議院本会議で与党の賛成多数で可決成立した。参議院での審議時間は、短いといわれた衆議院の審議時間の半分もなかった。

なぜここまで急いで法律化を図ったのか。そこには、後に指摘するようなこの法律の狙いが背後にあるが、政権側には、審議が長くなると批判がより強くなるとの思いが強かったとともに、外国、とくにアメリカからの情報提供には、秘密保護の法制を整備する必要があったことなどの事情があった。

この法律は、国家安全保障会議法案とセットで提案され、国家安全保障法における国家安全保障局の設置とそれによる情報の収集・分析機能と相互補完的機能を持つものである。国家安全保障局は、外国から情報の提供を受ける必要がある。秘密保護法は、そのためにも、できるだけ国家安全保障法と同時に成立させる必要があったと考えられる。

これが特定秘密保護法の成立を急いだ理由であり、また、国家安全保障法とのセットの法律であることから、この法律は、単なる情報管理法ではなく、いわば軍事立法の一般治安立法化したものという本質をもっている。

●五● 特定秘密保護法制定の狙いと表現の自由への脅威

1 アメリカ主導の法制定

アメリカによる大量監視の実態を暴露した元NSA職員、CIA職員エドワード・スノーデンの苦悩を描いた映画「スノーデン」（オリバー・ストーン監督）が公開された。また、デイヴィッド・ライアン著『スノーデン・ショック：民主主義にひそむ監視の脅威』の日本語版[*3]も、公刊された。本年（二〇一七年）二月一五日付東京新聞は、スノーデンに取材したジャーナリスト小笠原みどりから聞いた「スノーデン氏からの警告」を掲載した。それによると、特定秘密保護法もアメリカ主導で行われたという。スノーデンは、日本に赴任して情報収集活動を行った。『スノーデン・ショック：民主主義にひそむ監視の脅威』の日本語版序文の中で、訳者の田島泰彦は、「アメリカは、NSAを通して日本の一般市民にアクセスしたのだろうか。それはいまだ明らかになっていないことだ。そういうことがあっても驚かないだろう」と記しているが、上記の記事では、一般市民も監視対象になっていることが明確にされている。

「日本の一般の個人や企業も米国の監視網の中に入っているのか」という問いに対して、スノー

*3　デイヴィッド・ライアン著『スノーデン・ショック：民主主義にひそむ監視の脅威』（原題 “Survaillance after Snowden”、訳：田島泰彦／大塚一美／新津久美子、岩波書店、2016 年）。

デンは「もちろんイエスです」と答えたという。「NSAの世界同時監視システムはテロ対策用だが、最初から怪しい人を検索するわけではない。テロリストをあぶりだすため、普通の人を協力者に仕立てる狙いで、付け込む弱みを探すことなどにも使うという。そのため「普通の人のメールやSNS、通話など、全データを取り込んでおく」という。

スノーデンによると、彼の日本赴任中に、アメリカが日本に対し、監視システムへの協力を求めたが、国内法に違反すると断られた。「すると米国は、違法に情報を収集しても問題化しないよう、情報を国民の目から隠す立法を日本政府に提案」したという。「そうすれば、NSAは日本の情報機関とともに、違法な情報収集を行えるからだ。スノーデン氏は『特定秘密保護法は、この目的のために米国がデザインした』と証言した。」小笠原は言う、「政府がNSAに協力して違法に情報を収集しても、特定秘密に指定すれば、その事実は国民には知られない。NSAも安心して監視ルールを構築できる」と。

特定秘密保護法制定の黒幕は、アメリカ諜報部であり、その狙いは、違法とされる犯罪捜査目的以外の盗聴を正当化することにあったというのが、右記の記事で指摘されている。

違法盗聴隠しに特定秘密保護法が活用されるだろうことは、予想されたことではある。しかし、それがこの法律の主たる目的であるという指摘は、密やかだが、半ば公然と人々のプライバシーが侵害され、表現の自由を侵食する事態が深く、広く浸透することを明らかにした。

2 特定秘密漏えい、取得罪による基本的人権侵害への脅威

漏えい罪、取得罪の脅しの下で、違法な情報収集が行われるというのは、確かにこの法律の狙いの一つであろう。しかし、この法律に規定されている特定秘密の漏えいと取得行為の処罰を含む刑罰法規は、それ自体として、表現の自由の行使を萎縮させる効果を持つ。

第一に、秘密の漏えいについては、秘密の取扱者を限定することによって、一般の人が漏えい罪で処罰されることがないと喧伝された。しかし、秘密取扱業務従事者の漏えい罪（二三条一項）だけではなく、彼らから秘密を提供されて、秘密の内容を知った者も漏えい罪で処罰される可能性がある（同条二項）。その点で、秘密取扱いの直接の担当者が省庁の国家公務員であったとしても、それから秘密を提供された者は、必ずしも国家公務員ではなく、一般人である可能性がある。一般人は漏えい罪で処罰されることがないというのは、欺瞞でしかない。

取得罪に至っては、情報に接触を試みようとする報道関係者をはじめとする一般人が対象となっていることは明らかである。取得罪については、目的及び手段を限定することによって、その範囲の拡大を最小限にしたというのが、立法当局の説明である。しかし、「外国の利益若しくは自己の不正の利益を図り、又は我が国の安全若しくは国民の生命若しくは身体を害すべき用途に供する目的」が限定的に働く保障はない。これによってスパイ目的に限定され、報道目的等のために違法な手段でやった場合は罰せられないという立案当局の説明は、目的規定の文言からは必ずしも引き出せない。とくに、「自己の不正の利益を図り」というのは、どのようにでも拡大されそうである。

さらに、これらの行為は、故意による場合だけではなく、過失による行為も処罰される。立法当局の逐条解説によると、この罪の例としては、特定秘密を記載した書類をうっかり公園のベンチに置き忘れ、それを第三者が見るに至った場合が挙げられている。重要書類の管理を担当する者としては、不注意による書類の紛失等に対する管理責任が問われるのは、やむを得ないことであろう。しかし、それは、民事・行政上の管理責任であり、組織内における処分対象となることがあっても、刑罰が科されるべき行為であるか、大いに疑問である。このようなうっかりミスまで処罰されることになると、秘密業務従事者は私生活においても常に緊張を強いられることになる。

過失の態様は、書類の置き忘れに限られない。その他に多様なことが考えられる。家族や友人との会話の中で、うっかり秘密の内容に触れるということもあり得る。このようなミスをしないためには、秘密の保持者は、日常的な付き合いを極力避けるということにもなりかねない。おそらく、職場等では、業務従事者になった者に対しては、少なくとも、交際相手や立ち入り先を選ぶことが申し渡されるであろう。場合によっては、監視がつく可能性もある。プライバシーの監視まで許すことになるのでは、市民的自由の保障は画餅に帰す。過失犯処罰はそのような事態まで引き起しかねない。

さらに、法は、漏えい罪について、未遂処罰を超えて、実行の着手以前の行為の処罰を規定している。共謀、教唆、せん動の処罰規定である。

共謀処罰については、現在、共謀罪を一般法化しようとする法案の提出が議論の焦点となっている。この法案については、別に検討するが、秘密保護法において規定された個別的な共謀罪も、表現・思想の自由、内心の自由を侵す危険なものである。

逐条解説は、共謀は「陰謀」と同様であるとするのみである。これでは、まったく内容の説明にならない。「共謀」を「陰謀」と同義と解しようが別な概念であると解しようが、犯罪の実行以前の合意を基礎とすることについては、異論がなく、それだけに共謀を処罰することが行為を処罰するという刑法の行為原則との関係で疑義があり、その言葉のあいまい性を含めて、処罰範囲を広げすぎるという点で、広汎性原則に違反する。

共謀罪については、自首減軽の規定が設けられている。この規定は、共謀者の密告を奨励するものである。たとえば、原発促進政策に疑問をもつ記者が、記者仲間と政策作成を担当する官庁の職員から情報を得ようと相談したとすれば、特定秘密漏えいの教唆の共謀罪に当たる可能性がある。そのおそれがあると感じた者の中から働きかけの実行前に警察にその情報を密告する者が出てくることを期待した規定である。報道の自由、取材の自由への萎縮効果は大きい。

教唆については、教唆行為によって現実に相手方が決意し、実行することを必要とすると解するのが、通説的理解である。ところが、秘密保護法上の教唆は、現実に実行行為が行われる必要はない「独立教唆罪」であるとされ、したがって、教唆行為がありさえすれば成立し、それによって相手方が犯罪を決意することを要しないと説明されている。しかし、独立教唆罪は、実行行為を必要とせずに処罰するという点で、共謀罪と同様、刑法の基本原則である行為主義に反し、内心の自由を侵害する。

以上のように、特定秘密保護法は、刑法の基本原則に抵触し、表現の自由、内心の自由を侵害する危険の高い法律である。

そうした基本的人権を侵害しても制定を急いだ意図は、アメリカの諜報政策に同調して日本の政治的・経済的反対勢力の情報を取得するという目的に加えて、日米軍事同盟の強化を図るところにある。その意味において、この法律は、治安立法であるとともに、軍事立法の性格を持っている。

3　報道の自由、知る権利との関係

法第二二条「この法律の解釈適用」は、その第一項で「この法律の適用に当たっては、これを拡張して解釈して、国民の基本的人権を不当に侵害するようなことがあってはならず、国民の知る権利の保障に資する報道又は取材の自由に十分に配慮しなければならない。」とし、第二項で、「出版又は報道の業務に従事する者の取材行為については、専ら公益を図る目的を有し、かつ、法令違反又は著しく不当な方法によるものと認められない限りは、これを正当な業務による行為とするものとする。」としている。立法当局者は、これによって、報道の自由・取材の自由に対する侵害はありえないという。

しかし、この規定はあくまでも訓示規定である。この規定に反した行為を処罰する規定はない。

このような訓示規定で表現の自由を保障しても、まったく意味がないことは、これまでの同様の規定のありようを見ても明らかである。

●六● 特定秘密保護法以後の事態

1 盗聴の拡大

「新時代の刑事司法改革」と銘打って進められてきた検討の終着点として、二〇一六年六月二四日、刑事訴訟法等の一部改正法律が成立した。

この改革での当初の目標は、厚生労働省局長に対する証拠偽造を含む不適正・違法な捜査に対する批判に端を発し、捜査の適正化のための取調べの可視化を実現するということにあった。そのために、検察の在り方検討会が立ち上げられ、その議論を引き継いで、法制審議会特別部会において、当初は、取調べの録音・録画による可視化についての議論が行われた。しかし、特別部会での審議の途中から、新しい捜査手法の導入が検討課題となり、結局、成立した改正法律では、不完全な取調べの可視化と並んで、司法取引や刑事免責などの新しい捜査手法が導入され、さらに、そもそもが憲法上問題のある盗聴法[*4]を改正して、盗聴の対象罪数を拡大し、盗聴に当たっての立会人制度を廃止することが決まった。

法務省は、盗聴法の改正について、改正前の盗聴法では、盗聴可能な犯罪が制限されているうえ、立会人を必要とするため使い勝手が悪く、あまり活用されてこなかったので、活用されるように変える必要があるといった。

使い勝手をよくするために、盗聴という表現の自由を侵害するおそれがある捜査手段を拡大し、不適正な盗聴をチェックするシステムを廃止した。そのことの中に、濫用の危険性が内包されてい

*4 1999年8月18日成立の法律の正式名称は、「犯罪捜査のための通信傍受に関する法律」であるが、「通信傍受」という呼び名は、きわめてニュートラルな響きを持っている。秘密裡に電話や人と人とのコミュニケーションを聞き、記録するという内容を指し示す言葉としては、「盗聴」に匹敵する適当な言葉はない。そこで、本文では、「盗聴法」と称する。

この法律の問題点については、筆者は、第145回通常国会の参議院法務委員会に参考人として呼ばれ、盗聴という手段の憲法適合性について、3点を指摘して、この手段が憲法に適合しないと述べた。「第一、通信の秘密を制約する原理があるとするならば、それは通信それ自体が差迫って明白な危険をもたらすという場合に限定されなければならないが、電話で犯罪に関する事項を通信するというだけでは、このような明白かつ現在の危険があるとは認められないこと、第二、盗聴という手段は会話の当事者に秘密

で行われ、当事者への令状の提示があり得ず、それ自体公正さを担保し得ない手段である上、予め会話内容を予測して令状を発付しなければならないことに加え、将来の犯罪のための盗聴も認めることによって、二重の予測をしなければならないという不可能といってもいい負担を令状裁判官に負わせるなど、そもそもが令状主義の精神にかなった運用の望みがたい手段であること、第三、令状執行に当たって立会人を付するという要件は、令状執行の公正さを担保するものであるが、当事者以外の電気通信事業団や自治体の職員の立会では、客観的なチェック機能を果たし得ないこと」奥平康弘・小田中聰樹監修『盗聴法の総合的研究――「通信傍受法」と市民的自由』（日本評論社、2001年）101頁。
*5　東京新聞2017年2月17日夕刊。

たといわざるを得ない。

改正によって、どの程度使い勝手がよくなったのか。次の記事を見てもらおう。

「法務省は一七日、全国の警察が通信傍受法に基づき二〇一六年、一一事件の捜査で携帯電話の会話を傍受し、計三三人を逮捕したと発表した。改正通信傍受法が施行された昨年一二月以降、新たに対象犯罪に加わった詐欺事件に初めて適用したことも明らかにした。

従来の対象犯罪は薬物、銃器、組織的殺人、集団密航の四類型のみだったが、改正法施行で組織性が疑われる詐欺や窃盗など九類型が新たに加わった。一九年六月までにＮＴＴなど通信事業者の立ち会いが不要になる規定も施行される。

法務省によると、一一事件の内訳は、覚せい剤の密売、密輸など薬物関係が五、拳銃の所持など銃刀法違反が四、組織的殺人が一、電子計算機使用詐欺が一だった。改正法の初適用となった詐欺事件では、五八日間で計一一五七回の通話を傍受した。捜査機関名や事件の詳細は明らかにしていない。

裁判所の令状発付は計四〇件で、警察の請求は全て認められていた。」[*5]

盗聴の拡大規定の施行は、二〇一六年一二月一日であるから、拡大の効果があったのは、電子計算機使用詐欺罪についての一件であったということになる。この詐欺罪について五八日間で計一一五七回盗聴が実施されているが、その結果逮捕された者はいない。結果的に事件にならなかった通話が盗聴されたということで、通信の秘密侵害のおそれが大きい。

不適正盗聴をチェックする制度がなく、国会への報告についても令状請求と発付の数値、盗聴した回数だけであるので、適正に行われたか否かを事後的にもチェックができない。逮捕に結びつかなかった盗聴は不適正盗聴だと判断する以外にない。

当初の提案では、会話盗聴の導入も入っていた。監視し、情報を得る手段としては、通信の傍受よりも会話の盗聴のほうが威力を発揮する。法制審の審議の過程で、プライバシー侵害の内容も程度も通信傍受に比較して格段に高いという批判が強く、答申からは削除されたが、警察・検察は早晩再提案してくるであろうことは、容易に推測できる。

すでに触れたように、特定秘密保護法が盗聴という手段を得ることによって、犯罪捜査目的以外の違法な情報の取得も可能となる。そのおそれがあるというだけで、一般市民の表現行動には大きな障害が生じる。

特定秘密の漏えい、取得罪は、盗聴の拡大によっても直接的には盗聴の対象犯罪とはなっていない。しかし、取得手段としての窃盗などの罪は、対象犯罪となった。そうなると、窃盗などの手段的犯罪を名目にして、捜索・差し押さえ等を行うことができる。起訴までに至らなくとも、捜索・差押えによってマークした団体・組織の情報を取得することができる。

さらに、共謀罪の活用によって、国の情報収集機能がいっそう強化される。特定秘密保護法にも共謀罪処罰の規定があることは、すでに見てきたところである。しかし、こうした各論としての共謀罪ではなく、総論として共謀罪を設けようという目論見が進行している。

2　共謀罪法案国会上程の動き

越境的犯罪防止条約の批准を名目として、共謀罪法案が過去に三度国会に提出され、三度とも廃案になった。にもかかわらず、政府は四たび、この法案を提出しようとしている。政府がしきりに言うのは、今度提出する法案は、「テロ等準備罪法案」であって、従来の「共謀罪法案」とはまったく違うという。しかし、越境的犯罪防止条約批准のためには、必ずしも共謀罪を設けなくてもよいのではないかという指摘に対して、共謀罪を設けることが条約を批准するうえでの前提条件であると政府は言ってきた。その点では、共謀罪とは異なる罪の法制度化では、その前提条件を充たさないはずである。

政府の言うことは、この点でも矛盾している。しかも、内容的には、テロ等準備罪法案と銘打っても、従来の共謀罪法案とまったく異なるところがない。羊頭狗肉というより、テロ対策というタイトルを示して、その内実は共謀罪法案であることを隠そうという欺瞞に過ぎないと、かえって強い批判の声があがっている。

実際、二〇一七年二月に新聞各紙が報道する法務省原案は、従来の共謀罪法案と違いはない。二〇〇五年提出の共謀罪法案では、「団体の活動として、犯罪を実行するための組織により行われるものの遂行の共謀」とされていたが、その後の修正案で、①「団体の活動」の説明として「その共同の目的がこれらの罪を実行することにある団体に係るものに限る」とされ、②「その共謀をした者のいずれかによりその共謀に係る犯罪の実行に資する行為が行われた場合」を処罰条件とするとされた。

さらに、二〇〇六年には再修正案が提出され、団体の活動の説明が追加された。

「組織的な犯罪集団の活動（組織的な犯罪集団（団体のうち、その結合関係の基礎としての共同の目的が死刑若しくは無期若しくは長期五年以上の懲役若しくは禁固の刑が定められている罪……を実行することにある団体をいう。）の意思決定に基づく行為であって、その効果又はこれによる利益が当該組織的な犯罪集団に帰属するものをいう。）」

これでも、反対が強く、結局廃案となった。

以上の廃案の山の上に出されてきたのが、今回の提案である。

法務省案が検討している組織犯罪処罰法改正案では、「実行準備行為を伴う組織的犯罪集団による重大犯罪遂行の計画」として、二類型の犯罪が掲げられている。

第一の行為は、「組織的犯罪集団の団体の活動として、当該行為を実行するための組織により行われるものの遂行を二人以上で計画した」というものであり、第二の行為は、「組織的犯罪集団に不正権益を得させ、又は組織的犯罪集団の権益を維持し、若しくは拡大する目的で行われるものの遂行を二人以上で計画した」というものである。

構成要件上は、処罰される行為は、二人以上での犯罪の「計画」である。これより前の案で公表されていた「準備」ではない。

準備行為は、「その計画をした者のいずれかによりその計画に基づき資金又は物品の手配、関係場所の下見その他の計画をした犯罪を実行するための準備行為が行われたとき」に処罰するという処罰条件となっている。

対象となる罪は、①組織的な殺人や放火など「テロの実行」（一一〇罪）②覚醒剤の輸出入や譲渡など「薬物」（二九罪）③人身売買や強制労働など「人身に関する搾取」（二八罪）④組織的な詐欺や通貨偽造など「その他資金源」（一〇一罪）⑤偽証や逃走援助など「司法妨害」（九罪）の五分類で計二七七種類となっており、当初言われていた六〇〇以上の罪種ということから大幅に少なくなっているが、二〇〇七年段階で自民党与党案として検討されているとされた一六五罪種よりも多い。右記の五類型から④と⑤を除けば、与党案になるのだろうか。

二七七罪種でも多いが、なぜこの罪種に適用対象を絞ったのかについての説明はない。

3 「共謀罪」審議めぐり政府 目立つ誇張やあいまい答弁

マスコミは、共謀罪からテロ等準備罪へのネーミングの変更を一時的な批判逃れに過ぎないと指摘し、政府答弁を重ねるに従って、基本的人権の侵害への懸念が強まると述べている。たとえば、二〇一七年二月二〇日の東京新聞の木谷孝洋記者は、次のようにその懸念を表明している。

「犯罪計画の合意を処罰する共謀罪と同じ趣旨の「テロ等準備罪」を巡る通常国会での論戦を点

検すると、政府の答弁に誇張や矛盾、あいまいさが目立つ。政府は今国会で成立を図る構えだが、捜査機関の拡大解釈や恣意的運用で人権が侵害されかねないとの懸念は強まるばかりだ。」

公権力による基本的人権の侵害は、特定秘密保護法、盗聴の拡大を含む刑事訴訟法等の改正、そして共謀罪法案によって、深く広くなってきている。このような、あからさまな治安立法の強化による侵害だけではない。捜査実務において、GPSによる位置情報の取得が法整備もなく、日常的に実施されている。大分では、二〇一六年の参議院選挙の直前の六月、大分県警別府署が、野党候補を応援する労働組合「連合大分」などが入る施設の敷地内に入り込んで監視カメラを設置し、建物に出入りする人々を隠し撮りしていたことが発覚した。公安警察ではなく、刑事警察が行ったことだという。功を焦った故の行為とされ、大分県警は、別府署幹部ら警察官四人を建造物侵入容疑で書類送検し、関係者の処分をして、事態の収束を図った。

しかし、このような行為が一警察官の判断でできるはずがない。組織的な行為と見る以外にないはずである。GPS捜査といい、大分での監視カメラ事件といい、このところの警察の違法行為は、半ば公然化してきている（二〇一七年三月一五日、最高裁大法廷は、GPS捜査を強制処分とし、令状なしでは違法とした。）。

日常生活上では、マイナンバー法の制定によって、給料受領、納税などの場面で、マイナンバーの提示が強要されている。

いったい、市民のプライバシーはどこにいってしまったのか。表現の自由はどうなってしまったのか。東京オリンピックに向けて、ジョージ・オーエルの『１９８４年』をはるかに超える監視社会の実現は、まさに目の前である。

●七● 宮武外骨『アメリカ様』を読み直す

宮武外骨という人がいる。「トホネ」と戦後は読ませていた。宮武は、明治から昭和にかけて、言論の自由の権化とも言うべき人である。出版条例違反、新聞条例違反、不敬罪等で、何度となく投獄されている。その宮武が終戦直後に出版したのが、『アメリカ様』である。これが二〇一四年に再刊された[*6]。

「官僚や財閥と苟合して無謀の野心を起こした軍閥、その軍閥が我国を滅ぼしたのであるが、今日の結果から云えば、この敗戦が我日本国の大いなる幸福であり我々国民の大いなる仕合せであった。もしも（万一にも）こちらが勝ったのであるならば、軍閥は大々的に威張り、官僚や財閥までも共に威張り、封建的思想の残存で、ますます我々国民を迫害し、驕傲の振舞、憎憎しい態度、肩で風切り、反身になって、サアベルをがちゃつかせるに相違ない。その上、重税を嫁し、兵役を増し、軍備を倍化し、以て八紘一宇とやらの野心をつっぱり、侵略主義の領土拡大を策するなどで、我々国民はどんなに苦しめられたか知れない[*7]。」

さすが、「サアベルをがちゃつかせる」ということはないが、「八紘一宇」という言葉は、安倍政権の周りでは、現代でも生きているようだ。宮武が解放されたとして喜んでいる時代への回帰願望が改憲勢力には見られる。

その意味で、『アメリカ様』の再刊は、時宜を得たものである。西谷修は、この書のあとがきで、次のように述べている。

「どういう巡り会わせか、戦前の満州国の設計者を自認しながらアメリカ（ＣＩＡ）と取引して戦犯の科をまぬがれ、やがて首相になって日米安保の体制固めをした岸信介の孫が、再登

*6 宮武外骨『アメリカ様』（ちくま学芸文庫、2014 年）
*7 宮武・前掲書 14 頁。

板でまた首相になり、今度こそ「強い日本を取り戻す」と称して、交戦権回復（集団自衛権）の画策、治安維持法まがいの特定秘密保護法制定、相変わらずの札冊（ママ）で沖縄再処分と次々に手を打ち、年の終わりに意気揚々と靖国参拝までやったところ、TPPの国売り出血大サービスですり寄っているにもかかわらず、そのアメリカからとうとうダメ出しが出たという、このあんまりなタイミングで宮武外骨の『アメリカ様』が再刊された。[*8]」

ここで、「アメリカからとうとうダメ出しが出た」というのは、ニューヨークタイムズ二〇一三年一一月三〇日号が、特定秘密保護法案は「反自由主義的（illiberal）（下品な）法（案）」と批判する社説を掲載したことを指している。

その「アメリカ様」も、トランプというジョーカーの登場で、「反自由主義的で下品な」国になりそうな様相である。思いもよらず、安倍政権とアメリカとの距離が縮まったということか。

外骨が、「アメリカ様」と呼んだのは、国家としてのアメリカではない。戦前の天皇制国家を打ち破り、表現の自由を日本にもたらしたアメリカである。国ではなく、アメリカの人々であるといってよいであろう。現在で言えば、国の難民・移民排除政策に対して、難民・移民を受け入れるのが、アメリカ社会だと叫ぶ人々である。

外骨が現代に蘇るならば、自衛隊を国防軍に改変させ、テロ対策の下に内心の自由、表現の自由を制約しようとする政治勢力に対して、筆法鋭く批判すると同時に、アメリカ政府に対しても、表現の自由の重要性を説き、日米の軍事的同盟ではなく、自由を求める人々の連帯を呼びかけるだろう。宮武外骨の『アメリカ様』を改めて読み返し、表現の自由侵害との闘いへの教訓を得る必要があろう。

*8　西谷修「「アメリカ様」と「強い日本」」前掲書 211 頁。

平和憲法に真っ向

石破 自民幹事長もくろむ「軍法会議」

BS番組で9条改憲後の設置力説

東京新聞2013年7月16日付朝刊

憲法「改正」と軍事裁判所

白取 祐司

神奈川大学教授

●はじめに●

改憲論の中心的ターゲットが憲法九条であることは疑いない。そして、今日の改憲勢力の国会における勢いをみるにつけ、日本が「国防軍」をもち、そのために軍事法制が本格的に整備される未来を（悪夢のように）思い描いてしまう。刑事法を専門にする私の悪夢のひとつが、軍事裁判所ないし軍法会議である。軍隊、あるいは軍事的合理性と、適正手続の実現を標榜する刑事裁判とは、どう考えても合わない。軍事裁判所でも審判対象は「犯罪」ではあるが、一般市民なら問題にならないような行為（たとえば、上官に反抗する）が犯罪とされたり、逆に古来より犯罪として怪しまれたことのない殺人が、戦闘行為として行われたら不問に付される。以上、実体刑法の問題だが、手続上も、上訴権が制限されたり、裁判官が軍人だったりと、軍事裁判は、あるべき刑事手続からは遠いところにあるような違和感を拭えない。

今また、改憲論議の中で、「国防軍」とともに、軍事裁判所が「審判所」という名前で論じられるようになった。大日本帝国の時代、日本にも軍事裁判所はあった。当時、軍法会議と呼ばれた。しかし、敗戦と新憲法のもとで軍法会議も廃止された。それが再び、名前を変えて復活しようとしている。その復活に、果たして道理はあるのか。また、軍事裁判所とは何か。軍事「裁判所」とはいっても、いびつな、問題の多い裁判所ではないのか。
まず、戦前の軍法会議の廃止から、論を起こそうと思う。

●一● 憲法七六条二項「特別裁判所」と軍事裁判所

旧憲法（大日本帝国憲法）のもと、日本は軍隊をもち、「軍法会議」という名の軍事法廷ないし軍事裁判所をもっていた。軍事裁判所は、今日であれば現行憲法七六条二項の禁止する「特別裁判所」にあたり憲法九条の問題とは別に、七六条二項との関係でも許されないと解される。これに対して旧憲法は、六〇条に「特別裁判所ノ管轄ニ属スヘキモノハ別ニ法律ヲ以テ之ヲ定ム」との規定をおき、憲法上、特別裁判所を設置することを認めていた。この条文を根拠に、法律として陸軍軍法会議法（一九二一年）と海軍軍法会議法（一九二一年）が制定され、国内のみならず、植民地や戦地でも軍法会議が設置され、戦地では臨時軍法会議が開かれ、多くの軍人が処刑されている。軍法会議が廃止される契機は、日本が第二次世界大戦に敗け、ポツダム宣言を受諾したことである。軍隊（大日本帝国陸海軍）は、受諾によりその存在基盤を失った。これに伴い、「軍法会議」も勅令[*1]によって廃止された。戦後、自衛隊は設置されたが、「軍法会議」は現在まで存在しない。その理由は、おそらく自衛隊は「軍隊」でないという建前と、「特別裁判所」を禁じる憲法七六条の存在であろう。

軍法会議法廃止から七〇余年を経て、憲法九条の隣に一カ条を起こし「国防軍」を導入するという改憲案が登場し、同時に「審判所」という軍法会議も憲法に入れるという主張がなされている。これも憲法九条をめぐる議論の一環であるから、問題の本丸は改憲によって日本が再び「戦争をする国」になることの当否である。しかし本稿では、直接その問題に踏み込むことをせず、国防軍を

*1　勅令「昭和二十年勅令第五百四十二号『ポツダム』宣言ノ受託ニ伴ヒ発スル命令ニ関スル件ニ基ク陸軍軍法会議法、海軍軍法会議法及第一復員裁判所及第二復員裁判所令廃止ニ関スル件」（1946年5月18日）。

保有することに伴うさまざまな問題のうち、まず、軍事体制の一環として軍事裁判所をもつことの意味を考えてみたい。

●二● 軍法会議の過去と現在

最初に呼称について言及しておく。戦前から日本では、軍事裁判所を「軍法会議」と呼んでそれが定着している。[*2] 他方、外国の軍事裁判所についても、たとえば、「アメリカの軍法会議」という用いられ方をすることがある。以下では、原則として、戦前の軍事裁判所を「軍法会議」、外国の軍事裁判所を「軍事裁判所」と呼ぶが、厳密に使い分けることはしていないことをお断りしておく。

そもそも、軍事裁判所とは何か。自衛隊については後述するとして、戦前の日本の軍隊、あるいは諸外国の軍隊では、主に所属する軍人の「犯罪」を軍内部で処理するための裁判機関として軍事裁判所を置くことが多い。これに伴い、軍独自の警察（憲兵隊）、法務官（法曹資格を有し軍に任用）、軍刑務所などが整備され、軍人の犯罪の処理は軍の内部ですべて処理されることになる。そのかなめが、軍事裁判所である。

ところで、軍人の犯罪を一般の刑事裁判所によって扱い、特別に軍事裁判所を設置しないという方法もあり得るし、現にそのような国もある（後述）。そうしないで、とくに軍事裁判所を設けるのは何故なのか。その最大の理由は、軍紀（軍機・軍律）の維持である。典型的な例をあげれば、戦地で上官の突撃命令に従わず逃亡した場合、臨時軍法会議が開かれ、軍刑法の最高刑である死刑が適用され直ちに執行（銃殺）される。それによって軍紀は保たれる、のである。ここで重要なポイントのひとつが、迅速性である。軍紀保持というとき、今目の前にいる軍隊の規律が乱れることのないよう重罰をもって威嚇する。そのためなら、手続的保障に多少欠けるところはあっても、迅

*2 「軍法会議」の語は、もともとフランス語の conseil de guerre の訳語だった。現在は、フランス語で軍事裁判所を cour martiale ou tribunal miitaire という。

速に判断を行うとともに不服申立を認めない制度が望ましい。ここに、軍事的合理性を重視する軍事司法手続の特徴がある。ほかに、今日の軍事裁判所の存在理由として、軍人の権利・人権の保護、軍機秘密の漏洩罪などについては軍の秘密保護があげられる。しかし、軍事裁判所の中心的なレゾン・デートル（raison d'être）が軍紀の保持であることは否定しようがない。

以上のことを軍人の側からみると、軍人は軍事的合理性の支配する軍隊という戦闘集団に属し、市民社会に生きる一般市民とは異なる服務規律に従うことを意味する。守るべき規範も、一般社会ではおよそ刑事罰の対象にはなり得ない、たとえば上官への反抗が処罰される代わり、軍事衝突の際に敵兵を殺傷しても罪には問われないのである。

軍事裁判所の仕組みは、国によって、また時代によってさまざまだが、ここでは戦前日本の陸軍・海軍の軍法会議を例にみていくことにしよう。まず裁判管轄権であるが、陸海軍の軍法会議は、一般司法権とは独立して裁判をすることができた。アメリカの軍事裁判所が、連邦最高裁判所に上訴できる、つまり独立していないのと比べると、戦前の軍法会議は、一般の司法手続から独立した、ある種の治外法権のような空間をつくっていたといえよう。

ここで、日本の軍法会議の制度概要をみていくことにする。まず、一九四一年の改正前の制度についてである。軍法会議には、国内に数カ所設けられる常設軍法会議と、戦時・事変のときに特別に設けられる特設軍法会議がある。前者が原則型なので、はじめに常設軍法会議から述べる。常設軍法会議の法廷は、平時の場合、五人の裁判官で構成される。その内訳は、法律の素人である将校（判士）四人と、法律の専門家としての法務官一人である。[*3] 特設軍法会議については三人の裁判官で足りるが、その場合でも一人の法務官を入れることになっていた。一審となる常設軍法会議は、陸軍については、師団軍法会議と軍軍法会議の二つ、海軍については、東京軍法会議、鎮守府軍法会議、要港部軍法会議の三つがあり、その上訴審として、陸軍については陸軍高等軍法会議、海軍

*3　西川伸一「軍法務官研究序説」政経論叢81巻5・6号147頁。

*4　北博昭「軍法会議にみる戦争と法」NHK 取材班『戦場の軍法会議』（NHK 出版、2013 年）254 頁。
*5　NHK 取材班・前掲書 164 頁、180 頁。

については、海軍高等軍法会議がある。これらの上訴審においては、法務官が必ず二人いなければいけないとされていた（それと、判士とされる武官三人）。軍法会議は、明治憲法上の「特別裁判所」であり、天皇の名において行われていた（明治憲法五七条）。

軍法会議が対象とするのは、原則として現役の軍人・軍属及びそれに準じる者（召集中の軍人・俘虜）であるが、戦時においては民間人も、特定の犯罪について対象とすることがあった。そして、限界はあるものの、被告人の防御権の保障、必要的弁護、裁判の公開、上訴権の保障（ただし、陸海軍高等軍法会議への上訴）などが認められていた。このように、軍法会議としては開明的であった背景に、大正デモクラシーの影響があったといわれている。

しかし、一九四一年、第二次世界大戦（太平洋戦争）が始まると、常設軍法会議の進歩的要素を取り払った臨時軍法会議が大幅に増加することになった。アジア各地の戦局の悪化とともに、臨時軍法会議は猛威を振るう。特設軍法会議のうち、臨時軍法会議は、戦時や事変などの非常時に臨時に設けられる軍法会議だが、緊急な状況下に設置されるものであるため、上訴権のない一審終審制・非公開・非弁護という厳しい「裁判」であった。[*4] 文官だった専門法官が武官に移行し、すべて軍人による裁判になった。しかし、裁判所としては欠陥があるにしろ、軍法会議にかけられただけ、（今の言葉でいえば）手続保障があるだけましであった。戦局が悪化した戦争末期、敵前逃亡とみなされた兵士を、軍法会議にかけずに上官が射殺する、憲兵隊が「死刑」と称して殺害していた事実が明らかにされている。[*5] 軍事裁判所（軍法会議）には、軍人の権利保護的側面もあったのだが、戦地ではそれすら踏みにじられてきたのである。

ここで海外に目を転じてみよう。フランスでは、旧来の軍法会議はすでに廃止している。軍人の犯罪をもっぱら扱う特別裁判所を軍事裁判所というなら、軍事裁判所を、平時（temps de paix）と戦時（temps de guerre）を区別して、前者の平時については一般の裁判所が軍に関する刑事事件の管轄権をもつ。すなわち、フランス領土内において、平時に軍人によって犯された重罪及び軽罪について、裁判することにしたのである。二〇一二年に、パリの軍隊内に設けられていた裁判所が廃止されて以降、パリに設けられた一般裁判所が、フランス領土内で、平時に軍人によって犯された重罪、軽罪、違警罪の裁判をするようになった。要するに、平時における軍事裁判所は廃止されたのである。

ドイツでは、軍刑法はあるが、憲法にあたるドイツ基本法九六条二項で、戦時以外の軍事裁判所の設置を認めていない。

アメリカには軍事裁判所がある。日本に紹介される際、これを軍法会議と訳されることも多い。アメリカの軍事裁判所の手続については、高く評価する論者もいる。ジェンキンス事件の検討の結果、アメリカの軍事裁判手続では、「日本の刑事手続よりも、デュー・プロセス・オブ・ローの基本原則である『無罪の推定』と『不利益変更禁止』の原則が徹底して貫かれ、被疑者・被告人の諸権利の保障もはるかに厚い」との評価がなされている。[*6]

要するに、軍法会議をもつ国ももたない国があり、現時点で日本には軍法会議はないが、戦前の陸海軍を擁した時代には軍法会議法があった。軍法会議は、敗戦間際の日本軍内部で兵士を即刻処刑した惨状と比べれば、権力濫用の歯止めになる点で意味はある。

しかし、普通裁判所で軍人の犯罪を裁判する場合と比べると、次のような問題があるといわれている。

まず第一に、軍という狭い組織の中での裁判であるため、どうしても身内のかばい合いや組織防衛が起こりやすくなる点があげられる。たとえば、イラクのアブグレイブ（Abu Ghraib）刑務所におけるイラク人虐待事件について軍事裁判が行われたが、裁判にかけられて有罪となった米軍兵士は数人だけで、スティーブン・ジョーダン（Steven Jordan）陸軍中佐以外の高級将校は対象と

*6 島伸一「アメリカの軍事司法制度」広渡清吾ほか編『民主主義法学・刑事法学の展望』上巻（日本評論社、2005年）449頁。

されていない。在日米軍の日本人に対する犯罪についても、軍事裁判所で処罰される例は多くないといわれている。

第二に、軍事裁判は政治的理由で処分が大きく左右されることもある。その例として、北朝鮮拉致被害者の夫・チャールズ・ジェンキンスが、利敵行為（最高刑は銃殺刑による死刑）を含む四つの罪で軍事裁判にかけられたが、日本政府からの要請により処分が「禁固三〇日の後、軍曹から二等兵へ降格の上不名誉除隊」のみであったことがあげられよう（例としてあげたにとどまり、同氏に対する批判を意図していない）。古くは、一九三六年の二・二六事件では、叛乱将校らを迅速に厳罰に処したい軍部（陸軍）の意向で、かなり特異な軍法会議が設けられた。このときの軍法会議は、緊急勅令による特設軍法会議であったが、裁判官の忌避が認められず、一審制、非公開かつ弁護権も認められない厳しいものであった。

ほかに、軍人が軍人を裁くところから、とくに被告人が高級将校のような場合、身内をかばって刑が軽くなるという批判がある。イラクのアブグレイブ刑務所で看守の兵士など起訴され有罪になったが、このとき指示をした少尉以上の上官は不問に付された。ここにも軍法会議の恣意性が表れている。

●三● 自衛隊と特別裁判所

自衛隊を改憲論の中でどう位置づけるか、というのはひとつの問題だが、ここでは立ち入らない。いずれにしろ、現在の自衛隊に軍事裁判所（軍法会議）は存在しない。一九五四（昭和二九）年七月一日の警察予備隊創設以降、陸海空自衛隊に軍法会議は存在しないのである。自衛官・自衛隊員の非違は、自衛隊法によるものであっても、民間人と同じ法規によるものであっても、一般の日本の裁判所で裁かれることになる。その理由として、特別裁判所の設置を禁じた日本国憲法七六条二項をあげる議論もあるが、最大の理由は「自衛隊は軍隊ではない、だから軍法会議もない」、ということであろう。

ただし、旧帝国陸海軍と同様、自衛隊員が上官の命令に背くことは「犯罪」とされ、刑罰が科される。両者を比較すると次のようになる。まず、陸軍刑法第四章「抗命ノ罪」五七条（海軍刑法五五条も同じ）は、「上官ノ命令ニ反抗シ又ハ之ニ服従セサル者」に対して、以下の三つの区分に応じた刑罰を定めている。

一　敵前ナルトキハ死刑又ハ無期若ハ十年以上ノ禁錮ニ処ス
二　軍中又ハ戒厳地境ナルトキハ一年以上十年以下ノ禁錮ニ処ス
三　其ノ他ノ場合ナルトキハ五年以下ノ禁錮ニ処ス

また、第七章「逃亡ノ罪」七五条（海軍刑法七三条も同じ）では、「故ナク職役ヲ離レ又ハ職役ニ就カサル者」に対して、これも以下の三つの区分に応じた刑罰が規定されている。

一　敵前ナルトキハ死刑、無期若ハ五年以上ノ懲役又ハ禁錮ニ処ス
二　戦時、軍中又ハ戒厳地境ニ在リテ三日ヲ過キタルトキハ六月以上七年以下ノ懲役又ハ禁錮ニ処ス
三　其ノ他ノ場合ニ於テ六日ヲ過キタルトキハ五年以下ノ懲役又ハ禁錮ニ処ス

これらと、自衛隊法中の対応規定である一二二条と比較してみよう。一二二条は、「防衛出動命令を受けた」自衛官が、「正当な理由がなくて職務の場所を離れ三日を過ぎた」とき、または「職務の場所につくように命ぜられた日から正当な理由がなくて三日を過ぎてなお職務の場所につかない」とき（二号）、「上官の職務上の命令に反抗し、又はこれに服従しない」とき（三号）は、「七年以下の懲役又は禁錮」の刑に処せられる。一見すると、陸海軍の刑法より自衛隊法が軽そうだが、

戦時ではなく平時を比べれば、自衛隊法の方が刑の上限は重くなっている。隊の名称はともかく、自衛隊について今後戦争に向けて法整備が進んだら、「戦時」「敵前」といった条件を付加されて刑が加重された構成要件が加わることになろう。いつか来た道、である。

ところで、二〇〇八年に、自衛隊内部で軍事裁判所の研究が行われていたことが明らかにされた。[*7] これによれば、防衛庁(当時)の事務官が中央大学大学院に入学し研修中に執筆した論文「日本国憲法下における自衛隊裁判所制度の導入と可能性」を、航空自衛隊の部内誌『法翼』二三号(二〇〇四年)に掲載したという。私は現物を確認していないが、大学院に業務派遣されて書かれた論文だけに、純粋に個人的なものと片付けていいものではあるまい。この論文が発表された二〇〇四年から自衛隊のイラク派遣が始まった(二〇〇八年まで)。このことと、「自衛隊裁判所」という名の軍事裁判所を構想することがリンクしていないとは考えにくい。戦前、常設軍法会議では戦地の事態に対応できないから、軍人のみで裁判を行う臨時軍法会議があちこちの戦地に設けられ、多くの日本兵の命が失われた。自衛隊の派遣先の外国に設けられる自衛隊裁判所で適用される「軍刑法」が現在のままではありえない。正当な理由なく職場を離れて三日を待たずに「犯罪」とされるだろう。刑罰も、後述の石破発言にあるように、極刑が加えられるに違いない。このような研究が自衛隊内部で行われていたことからみても、自衛隊は「自衛」のためだけの存在ではなかったことがみてとれるのではないか。

●四● 自民党の改憲案の検討

二〇一二年の自由民主党・憲法改正草案は、「国防軍」に「審判所」という名前の軍事裁判所を置くと、はっきり明記した(九条の二第五項)。草案は、「軍」が自前の「裁判所」をもつことを明

*7 2008年5月13日の『しんぶん赤旗』のスクープ。

確に宣言したのだ。しかし、当初から軍事裁判所が、このようなスキームで考えられていたわけではない。

二〇〇四年当時、自民党憲法調査会・憲法改正プロジェクトチームの「論点整理」では、軍事裁判所については、「外国におけるその権能・組織などを調査しながら、引き続き議論を継続することとしたい」として態度を留保していた。同年一一月一七日の自民党憲法調査会憲法改正起草委員会・憲法改正草案大綱（たたき台）でも、軍事裁判所に触れていない。

それが、翌年の二〇〇五年四月四日に公表された新憲法起草要綱では、「軍事裁判所については、第九条改正に伴い設置すべきとの意見もあったが、最高裁判所を終審とする軍事裁判所を設けることは憲法の改正を必要としないのではないかと思われる」とある。この間、九条改正と軍事裁判所について議論が進み、軍事裁判所を設けるべきだという意見があったこと、その場合に憲法改正を要しないという方向に収斂していったことが上記の要綱から読み取れる。翌年の二〇〇六年七月に自民党「新憲法起草委員会・要綱　第一次素案」がだされるが、そこには、「下級裁判所としての軍事裁判所の設置については、第九条改正に伴い設置する。」とあり、軍事裁判所の設置は、自民党の改憲構想の中にしっかり位置づけられるに至った。

そして、二〇〇六年に公表された自由民主党・新憲法草案（二〇〇六年一一月二二日）の七六条三項に、「軍事に関する裁判を行うため、法律の定めるところにより、下級裁判所として、軍事裁判所を設置する。」との規定が置かれた。軍事裁判所が「下級裁判所として」設置するとされたのは、憲法七六条二項の特別裁判所の禁止に触れないためであろう。この、軍事裁判所設置を定める条文、七六条三項が、第六章「司法」の章にあることに注意する必要がある。

二〇一二年四月二七日に発表された自民党・憲法改正草案は、先の新憲法草案同様、軍事裁判所の設置を憲法に明文で定める。ただし、「司法」の章ではなく、「国防軍」を規定する九条の二の第五項に規定された。同条項を次に示す。

第九条の二（国防軍）

……………

五項　国防軍に属する軍人その他の公務員がその職務の実施に伴う罪又は国防軍の機密に関する罪を犯した場合の裁判を行うため、法律の定めるところにより、国防軍に審判所を置く。この場合においては、被告人が裁判所へ上訴する権利は、保障されなければならない。

この規定の趣旨だが、自民党憲法改正推進本部の発行するパンフレット[*8]のQ12に、「国防軍に審判所を置くのは、なぜですか？」という問いがあり、以下のように解説されている。

「九条の二第五項に、軍事裁判所の規定を置き、軍人等が職務の遂行上犯罪を犯したり、軍の秘密を漏洩したときの処罰について、通常の裁判所ではなく、国防軍に置かれる軍事裁判所で裁かれるものとしました。審判所とは、いわゆる軍法会議のことです。

軍事上の行為に関する裁判は、軍事機密を保護する必要があり、また、迅速な実施が望まれることに鑑みて、このような審判所の設置を規定しました。具体的なことは法律で定められることになりますが、裁判官や検察、弁護側も、主に軍人の中から選ばれることが規定されます。なお、審判所の審判に対しては、裁判所に上訴することができます。諸外国の軍法会議の例を見ても、原則裁判所へ上訴することができることとされています。この軍事裁判所を一審制とするか二審制とするのかは、立法政策によります。」

かくして、第二次大戦中、既述のとおり戦地で〝暴走〟した軍法会議が、二一世紀に復活しようとしている。その危ない本質は、装いを凝らしても変わらない。証左、当時の自民党幹事長、石破茂は、この九条の二第五項に関して、テレビBS番組で次のような発言をした。

*8　『日本国憲法改正草案Q＆A［増補版］』（2013年10月発行）。

（現在の自衛隊で隊員が上官の命令に従わない場合の罰則は、自衛隊法で最高でも懲役七年が上限であることを説明した後で）『『これは国家の独立を守るためだ。出動せよ』と言われたときに、いや行くと死ぬかもしれないし、行きたくないなと思う人がいないという保証はどこにもない。だから（国防軍になったときに）それに従えと。それに従わなければ、その国における最高刑に死刑がある国なら死刑。無期懲役なら無期懲役。懲役三〇〇年なら三〇〇年。そんな目に遭うぐらいなら、出動命令に従おうっていう。人を信じないのかと言われるけれど、やっぱり人間性の本質から目を背けちゃいけない』。そして、こうした重罰を科すために審判所は必要であり、石破は「公開の法廷ではない」と付け加えた[*9]。

自民党パンフレットと石破の語る「審判所」（軍法会議）だが、前提となる「国防軍」の是非を別にしても、問題が多い。この「審判所」のどこに問題があるのか、次にみていくことにしよう。

第一点目として、戦前の軍法会議が廃止された歴史に対する反省もないまま、軍法会議を今の時代に〝復活〟させようとしている点である。自衛隊法一二二条は、「防衛出動命令を受けた者」が、正当な理由なく職務の場所を離れ三日帰ってこない、上官の命令に反抗するなどしたら「七年以下の懲役又は禁錮」が科されることになっているが、かつての陸軍刑法、海軍刑法の罰則と比べると、かなり軽い。石破は、「国防軍」ではそんな甘いサンクションでは出動命令に従わせることはできない、従わせるために「その国における最高刑」を科せ、といいたいのであろう。日本刑法における最高刑は、戦前も戦後も死刑であり、現に陸軍刑法も海軍刑法も、敵前における反抗あるいは敵前逃亡に最高刑として死刑を規定し、死刑が「活用」されていた。石破は、この発言当時は自民党幹事長だが、二〇〇二年から二〇〇四年まで防衛庁長官、二〇〇七年から二〇〇八年まで防衛大臣を務めるなど、防衛問題の政策通で、自身も「国防がライフワーク」と語っているという。その石破の発言だけに、死刑を含む厳しい制裁で上官命令への服従を強いる「国防軍」刑法が、憲法改正

*9 2013年7月16日付け『東京新聞』。

の先に控えているとみて間違いない。国の命令ひとつで、軍人に「命を捨てよ」と強制した時代がまた到来するのだ。Q＆A「パンフレット」でも、審判所を軍事裁判所ではなく、ことさらに「軍法会議」と戦前の陸海軍時代のタームを用いるところにも、彼らのねらいが、近代的な司法制度とは相容れない、戦争遂行のための装置として戦前型の軍法会議（審判所）をつくることであることが、よく表れている。

第二に、創設される軍法会議が、裁判所というにはあまりに問題の多い欠陥商品だということである。審判所の詳細はなお明らかになっていないが、上述の石破発言によれば、「公開の法廷ではない」という。ところで、現行憲法第六章「司法」の定める裁判所は、対審及び判決は公開法廷で行わなければならず（八二条一項）、裁判官は身分が保障され（七八条）、その良心に従い独立してその職権を行い、憲法及び法律にのみ拘束される（七六条三項）。二〇〇六年の新憲法草案で第六章におかれていた軍事裁判所の規定が、第二章に移されたのは、「審判所」がこれらの憲法の条項に抵触すると考えたからではないか。戦前の常設軍法会議ですら審判は公開されていたのに、二一世紀の軍事裁判所は、非公開で行われるという。被告人は、草案九条の二第五項の第二文で「裁判所へ上訴する権利」が保障されるというが、Q＆A「パンフレット」がいうように、立法政策で一審制もあり得るとすれば、裁判所への上訴は最高裁への上告のみ、となるかもしれない。だとすれば、原則として口頭弁論は開かれず、大半の事件は上告棄却の書面が被告人に送られてくるだけになると想定される。仮に二審制をとり、被告人の控訴によって事実審理が行われるとして、どこまで証拠調べがオープンなかたちで行われ得るのか、という問題がある。そもそも軍法会議を非公開とする所以は、軍人にかかる秘密漏泄罪が典型だが、軍に関する諸々の秘密を守るためである。それが被告人によって控訴され、控訴審公判でオープンになるとすると、軍法会議を秘密にした意味がなくなる。控訴審が第六章でいう裁判所であれば、八二条二項の場合を除き非公開にはできない。

同条項にある「公の秩序」という公開裁判の例外を拡大解釈するか、証拠調べに厳しい規制をかけることになるのか。出発点が狂うと、さまざまな矛盾とほころびが生じるのである。

第三に、裁判官、検察官、弁護人まで軍人によって担われる、という問題がある。Q＆A「パンフレット」には、「裁判官や検察、弁護側も、主に軍人の中から選ばれることが規定されます」とある。ここにも、軍事裁判所の規定を第六章から外したメリット（？）がある。現行憲法第六章に定める裁判官は、良心に従い独立して職権を行使する（七六条三項）。しかし、その裁判官が軍人ならどうなるか。軍隊では上官が絶対であり、反抗は許されない。具体的な個々の裁判で上官が「裁判官」（軍人）に指図や命令をしないとしても、軍人が軍の論理から自由に判断できるかどうかは疑わしい。軍紀から離れて自由に判断でき、そうして良いのであれば、逆に裁判官を軍人から選ぶ必要もないであろう。たしかに、事実認定をする上で、軍隊内部の事情に精通していた方が便宜なことはあり得る。しかし、それだけなら、関係者が法廷で事情を詳しく説明すれば足りる。裁判官が軍人でなければならない理由はないようにも思われる。より問題と思われるのは、弁護人まで軍人から選ばれる、としている点である。百歩譲って、軍隊内部に固有の警察組織、戦前の憲兵隊、自衛隊法上の警務隊を置くことに一定の合理性があるとしても、軍人にも認められる人権ないし法的権利を擁護する役割を果たすのに、軍人である必要があるのか。甚だ疑問である。

以上要するに、軍人だけで、しかも非公開で行われる軍法会議に正統性があるかどうか、改めて問い直してみる必要がある。

●五● 軍事裁判所——究極の矛盾

一口に軍事裁判所といっても、戦前の軍法会議のようなものから、今日のアメリカ合衆国の軍事裁判所のような適正手続に配慮した軍事裁判所まで、制度設計の有りようでさまざまなバリエーションが考えられよう。しかし、軍事裁判所という特別裁判所は、原理的に「司法」とは相容れないというべきである。戦前の常設軍法会議では、たしかに当時の法曹資格のある法務部将校（俗に「法務官」といわれた）が裁判官役、検察官役を担当したようだが、法曹資格をもっているといっても、文官ではなく武官である。彼らに中立・公正であるべき裁判官の職務を委ねるのは、およそ無理であり背理というべきではないか。

軍隊をもつこと自体の当否を横においたとして、武官である軍人によって「司法」に値する裁判が可能だろうか。裁判が裁判であるためには、当事者の主張・立証から距離をおいた中立・公正な判断者が存在しなければいけない。法務官（武官）は法的素養はあるにしても、軍人として軍隊という組織の一員であるかぎり、裁判官というジャスティスの体現者にはなれないと思われる。

では、軍事裁判所をやめて、ドイツやフランスのように普通裁判所で軍人の「犯罪」を裁くとしたらどうか。しかしその場合でも、軍隊が本国を離れた外地で戦闘を行うときは、特設軍法会議のような裁判機関は必要となろう。こうして軍事裁判所の法整備が進むと、次に登場するのが軍刑法である。先に述べたように、現行法だと、防衛出動命令を受けた自衛官が三日間持ち場を離れると、自衛隊法で七年以下の懲役または禁錮に処せられる。しかし、戦時を前提にした軍刑法ができたら、三日間も待ってくれず、刑罰も石破発言に従うなら極刑、死刑が科せられることになる。一体、いくつかの条件が課せられているとはいえ、人を「殺す」ことが罪に問われない一方で、敵前逃亡が死刑に値するという矛盾を、裁判所は受け入れることができるのか。

ジャスティスは司法であり正義であるはずで、以上の矛盾を包摂する軍事裁判所を「裁判所」と呼んでいいのか、疑問は尽きない。

3分の2→過半数「緩和」に首相意欲

国家権力を縛る「96条」

突破口に9条狙う

「邪道」「欺瞞」…学者から批判噴出

東京新聞2013年4月13日付朝刊

憲法「改正」問題への基本的視点

浦部　法穂

法学館憲法研究所顧問
神戸大学名誉教授

●はじめに●

日本国憲法施行から七〇年、いままた、旧憲法体制のもとでの「帝国の栄光」を取り戻そうと「自主憲法制定」を唱える勢力が、「憲法改正」を声高に叫び、二〇一六年七月の参議院選挙で、そういう「改憲勢力」がついに三分の二を超えて、衆参いずれにおいても「改憲」発議に必要な議席数を占めるにいたった。現憲法を「押し付け憲法」だとし「自主憲法制定」をみずからの使命と考える安倍首相は、この機に、変える条文は何でもいいからとにかく「改憲」の実績をまず一つ作っておこうというので、なんらかの「改憲」を仕掛けてくることは、十分考えられる。その「最初の第一歩」は、一見、「それも悪くないんじゃないか」と思えるような改正案であるかもしれない。しかし、彼らの狙いは現憲法のトータルな否定であり旧体制への「回帰」なのであって、一見悪くなさそうにみえる改正案であったとしても、それを認めることは、その方向へ第一歩を踏み出すことになるのだ、ということを忘れてはならない。

そもそもで言えば、憲法が政治によってこのように「邪魔者扱い」されることじたいが、異常である。そういう認識が、この国においては、為政者にも国民にも希薄である。だから、なんとなく、「占領軍が作ったものだから」とか「古くなったから」とかの、まったく中身のない理由で「憲法を変えてもいいんじゃないか」という議論がまかり通っているのである。この点を基礎の基礎からもう一度考え直すために、ここでは、まず最初に、「憲法はなぜ憲法なのか？」という問いを投げかけてみたいと思う。

●一● 憲法はなぜ憲法なのか？

憲法はなぜ憲法なのか？　つまり、憲法はなぜ憲法として通用するのか？——この問いに、さっと答えられる人は、はたしてどれくらいいるだろう。では、ほかの法律、たとえば民法とか刑法とか、そのほか数多くの法律があるが、それらが法律として通用するのはなぜか？　これだったら、多くの人が答えられると思う。そう、国会が定めたものだから、である。国会が制定したものがなぜ法律として通用するのかといえば、憲法がそう定めているからである。憲法に「国会は唯一の立法機関である」と書いてあるから（憲法四一条）、国会が制定したものが法律として通用するわけである。ただし、憲法は、国会が法律を制定する際の手続きや、法律で定めるべきことがら、あるいは法律をもってしても侵害してはならない事項（国民の権利など）といった、法律の中身に関しても定めている。だから、国会が制定すればどんなものでも法律として通用する、というわけではない。憲法の定める手続きに従って作られ、憲法の定める事項や制限に反しない内容のものだけが法律として通用することになるのである。要するに、法律が法律として通用する根拠は、すべて憲法にあるわけである。

では、憲法の場合はどうか。憲法について、誰が（または、どういう機関が）、どういう手続きで、どんな内容のことがらを定めるのか、といったようなことは、どこにも書かれていない。憲法の制定権者や制定の手続き、あるいは憲法が規定すべき内容、といったことを定めている「法」は存在しないのである。つまり、ほかの法律とは違って、憲法の場合には、それが憲法として通用する根拠をなんらかの「法」に（少なくとも現存する実定法に）求めることはできないのである。とすると、憲法が憲法であるゆえんを法的に（なんらかの「法」にもとづいて）説明することは、非常に難しいことになる。だが、たとえば私が理想的な憲法の条文を作って「今日からこれが日本の憲法だ」と宣言しても、それが憲法として通用しないことは明白である。しかし他方、いま世界中の国々でそれぞれの国の憲法として通用しているものも、誰かが条文を作り、誰かが「今日からこれがこの国の憲法だ」と宣言して、憲法として通用しているわけである。私が同じことをした場合と、なにが違っているのだろうか。憲法が憲法として通用するためには、どんな条件が必要なのだろうか。

歴史的な事実として言えば、憲法というものが作られるのは、多くの場合、革命やクーデターや戦争などによって、国の権力構造が大きく変動したときである。そうして権力を掌握した人々（勢力）が、その新しい体制の安定を図るために、憲法というものを制定したのである。つまり、権力を握った者が憲法として作り宣言したものが憲法だ、ということになる。私が作って宣言しても憲法にならないのは、私は権力を握っていないからである。だから、憲法の制定という行為は、なんらかの「法」にもとづいて行われる行為ではなく、裸の実力にもとづく行為だといえる。しかし、とはいえ、権力者が作って「これが憲法だ」と宣言しても、それだけで憲法として通用することになるわけではない。その権力の支配に服する人々、つまりその国の構成員（近代国家においては国民）が、「これがこの国の憲法だ」と認めてはじめて、それは憲法として通用する。権力を握った者がいくら「これが憲法だ」と宣言しても、それを正当化する法的な根拠はない。だから、被支配者（国民）の承認ということ以外には、正当化根拠は見出せないのである。

国民に承認させる方法として、強権的な支配によって力づくで従わせるという方法もあるだろうし、権力者を神格化しその超越的権威によって承認させるという方法もあろう。しかし、こういう方法は、遅かれ早かれ「化けの皮」がはがれて破綻する。一八世紀のいわゆる近代市民革命によって権力を掌握し、「憲法」＝〝Constitution〟という支配装置を発明した人々は、より合理的で安定的な方法を開発した。それが「近代立憲主義」である。それは、被支配者である「国民」を至高の存在とし（Sovereignty of the People＝「国民主権」）、その「国民」がみんなで一緒に国の基本的なあり方を決めたものこそが憲法であり、この憲法にもとづいて権力は構成され、憲法の認める範囲でのみ権力は行動できる、とするイデオロギーである。絶対王政の専制的な権力を倒して新しい国家体制を打ち立てた当時の人々は、「権力を持つ者は放っておけば権力を乱用する」という、権力に対する懐疑の念を、まさに実体験として共有していた。たとえそれが「国民意思」にもとづく権力であったとしても、実際にその権力を委ねられた者は、やはり放っておけばその権力を乱用しかねない、だから憲法によって権力を縛っておく必要があるのだ、という考え方は、したがって、「国民」に広く受け入れられうるものとなったのである。このイデオロギーによって、憲法は、権力支配の道具ではなく、逆に権力を縛るための国民意思の表明となり、国民の承認を獲得できたのである。憲法は主権者である国民が権力を制限して自分たちの権利・自由を守るために定めたものだ、という考え方が広まることで、国民がそれを憲法として認め、憲法は憲法として通用することとなったと言える。

●二●「立憲主義」という「約束事」

そういうわけで、憲法が憲法として通用するのは、上記のような考え方が受け入れられて国民がそれを憲法として認めているからだ、ということになる。逆に、国民が「こんなものは憲法ではない」と考えたら、憲法はもはや憲法ではなく、小難しい文章の書かれた「紙切れ」に過ぎないものとなる。憲法の有効性は国民が憲法と認めるかどうかにかかっているのである。とすると、国のあり方の基本を定める「最高法規」だというのに、憲法というのは何とも頼りない根拠の上に立っているものだ、ということになる。だが、すごく重要なものでありながら、国民がそう認めているからそういうものとして通用するというものは、じつは他にもある。

一万円札はなぜ一万円として通用するのか。あの「紙」じたいが「モノ」として一万円の価値をもっているわけではない。そしてまた、こんにちの紙幣は不換紙幣であるから、一万円札の一万円の価値を担保する物はなにもない。それにもかかわらず、あの「紙」が一万円として通用するのは、人々がそう認めているからである。《日銀が発行したあの「紙」を一万円ということにしておこう》という「約束事」が人々の間に成立し、その「約束」は破られないだろうと人々が信用しているから、一万円札は一万円として通用するのである。もしその「約束事」がぐらついて、人々が、「あんなものは何の価値もない」と考えるようになったら、一万円札はもはや一万円として通用せず、少々精巧な図柄が印刷された「紙切れ」に過ぎないものとなる。紙幣（貨幣）は、一国の経済のまさに基本である。それなのに、人々がそう認めているかどうかにその有効性がかかっている、やはり頼りないものだということになる。経済の基本になる貨幣も、国政の基本になる憲法も、そういう「頼りなさ」という点で共通している。

しかし、ここで考えてみてほしい。人々が一万円札を一万円として認めなくなったとしたら、「あんなものは何の価値もない紙切れだ」と考えるようになったとしたら、はたしてどういう事態になるだろうか。いうまでもなく、日本の経済はガタガタに崩壊する。世界経済も大パニック・大恐慌を引き起こすだろう。だから、いまの経済秩序を守ろうとするなら、人々に、一万円札には一万円の価値があると、認めさせ続けなければならない。《あの「紙」を一万円ということにしておこう》という「約束事」を決してぐらつかせることなく、貨幣に対する人々の信認を維持することは、一国の権力者の重要な任務となるのである。

それとまったく同じことが、憲法にも言えるのである。もし国民が現行の憲法を憲法として認めなくなったとしたら、現在の統治機構はその存立根拠を失い機能しなくなる。政府も国会も裁判所も、その他どんな機関も、すべて現行の憲法のもとで存立し権限を認められているのだから、その憲法が否定されたら、いっさいの国家機関は「無」の状態となり、そのもとに成立している国家権力は正当性を完全に失う。つまりは、国家の崩壊である。人々が一万円札を「ただの紙切れだ」と思うようになったら経済が崩壊するのと同じく、国民が憲法を「ただの紙切れだ」と思うようになったら国家が崩壊するのである。だから、いまの国家体制を守ろうとするなら、したがって国家権力を握っている者は、国民に、いまの憲法を憲法だと認めさせ続けなければならない。理論上は、本来そうなのである。

その国民の承認を獲得するために考え出されたのが、先にも述べたように、憲法とは「権力を制限するために国民が制定したものだ」とするイデオロギー、すなわち、「国民の憲法制定権力」を前提とする「立憲主義」の考え方である。だが、「権力を制限するために国民が制定した」というのは、必ずしも歴史的な「事実」ではない。歴史的な事実の問題として言えば、権力を握った者がその権力支配の安定を図るために憲法を制定したというのが、実際のところである。にもかかわらず、「権力を制限するために国民が憲法を制定した」ということにしておかなければ、権力は（少なくとも「国民主権」とか「民主主義」ということを標榜する権力は）正当性を主張できず、したがって国家の権力体制を維持することができない。だから、これも、ある意味、一万円札と同じ意味での「約束事」である。「事実」がどうであれ、つまり、誰が憲法の草案を起草し誰がそれを確定したか等々の「事実」がどうであれ、《国民が憲法として制定したということにしておこう》という「約束事」である。実際、多くの国の憲法は、制定過程の「事実」がどうであれ、それが国民意思の表明として国民の制定したものであるということを、憲法自身のなかに明文で書き込んでいる。たとえば、アメリカ合衆国憲法前文は「われら合衆国の人民は……この憲法をアメリカ合衆国のために確定し制定する」と言い、ドイツ基本法前文も「ドイツ国民は……その憲法制定権力によって、この基本法を制定した」と言い、そして、日本国憲法前文が「日本国民は……ここに主権が国民に存することを宣言し、この憲法を確定する」と述べているように。この「約束事」が国民の間で共有されていることによって、憲法は憲法として通用し、そして権力は、その憲法にもとづくものとして正当性を認められることとなるのである。だから、いまの国家権力体制を維持しようとするなら（したがって権力を握っている者にとっては）、この「約束事」がぐらつかないようにすることが、権力支配の安定のために、きわめて重要なこととなるはずである。

右に私が「約束事」と言った事柄は、国民をだますための権力側の「仕掛け」で「まやかしだ」とみることもできよう。しかし、「まやかし」であるとしても、権力の側はそう簡単には「まやかし」の正体を暴露することはできない。そんなことをすれば、自分たちの権力に正当性がないと宣言することになってしまうからである。ここに、「近代立憲主義」の大きな意味がある。「国民」の側つまり権力支配に服する側は、「権力を制限するために国民が憲法を制定した」ということを、それが「事実」ではなくても、大きな声で主張できる。そういうことにしておこうという「約束事」のもとに憲法が通用し、そして権力の源泉はすべてその憲法にあるのだから、権力者の側は、この国民の側の主張を正面きって否定することはできない。だから、権力の側は、憲法によって課された諸制約を、そう軽々には踏み外すことができないのである。こうして、憲法が権力の乱用を防ぐものとして機能することとなり、「国民」の側から権力に「縛り」をかける「道具」として使えることになるわけである。憲法が憲法として通用するのは国民がそれを憲法として認めているからだ、というのは、一見頼りなさそうではあるが、上述した「約束事」を国民が明確に自覚しているなら、憲法にとっての強力な根拠になると言えるであろう。

ところが、日本の実情はこれとは全然違う。まったく逆だと言ってもいい状況である。政権を握っている勢力が現行憲法を否定するようなことを平気で言う。「押し付け憲法」で日本国民が自主的に作った憲法ではない、などと、右に述べた「約束事」をぐらつかせるような言説が、ほかならぬ権力の側からしつこく流布される。それにもかかわらず、その「反憲法」勢力の政権は、正当性を否定されるどころか、ほとんど安泰である。本来なら、現行憲法を否定する勢力はそのもとでの権力体制を否定する「反体制派」だということになるはずで、そんな勢力が政権の座についたら、一種の「クーデター」であって、その正当性に疑問符が付けられるのが普通であろう。そうした正当性に対する非難を受けることもなく、「反憲法」勢力が、現行憲法下でのほとんどの期間、政権の座に居座り続けているというのは、異常と言わずして何であろう。憲法理論的には、ありえない状況である。そういうありえない状況を許しているかぎり、権力による憲法破壊は止めどなく進んで行くであろう。それでもいいと国民が認めてしまうなら、日本国憲法は、早晩、もはや憲法として機能しない「ただの紙切れ」になってしまうであろう。施行七〇年の節目に、日本国憲法はここまでの危機に直面しているのであり、それを救うことができるのは、この憲法を憲法として認めるという、国民の強い意思表示だけである。

●三●　「憲法の改正」と「新憲法の制定」の違い

つぎに、「憲法の改正」とはどういう行為なのかを考えてみよう。定義的に言えば、「憲法の改正」とは、現行憲法を前提としてその条項に変更を加えることである。それは、現行憲法を廃棄して新しい憲法を定める「新憲法の制定」とは区別される。「憲法の改正」と「新憲法の制定」は、現行憲法を存続させるのかそれとも廃棄するのか、という点で大きな違いがある。また、「憲法の改正」については、たいていの国の憲法がその手続きを定めているから、「憲法の改正」は憲法の定める手続きに従った憲法の変更でなければならない。これに対し「新憲法の制定」は、必ずしも憲法の定める手続きに従って行われるものではない。だから、両者の違いは明瞭だともいえる。しかし、革命やクーデターあるいは戦争などによって権力構造の大きな変更が生じたときなどに、明示的に憲法を廃棄して新憲法を制定するという場合には、それは「新憲法の制定」であって「憲法の改正」ではないということがはっきりしているが、憲法の定める改正手続きによって現行憲法を実質的に廃棄するに等しいような変更が行われたとき、それは「憲法の改正」なのか、それとも内容上実質的に憲法を廃棄したとみなしうるから「新憲法の制定」とみるべきなのか、両者の区別が必ずしも明瞭でない場合も出てくる。

この点は、教科書的には「憲法改正の限界」の問題として議論されている。これには改正「限界説」と「非限界説」があり、「限界説」は現行憲法の基本的な原理を大きく変質させるような「改正」はできないといい、「非限界説」は改正手続きに従うかぎりどのような変更も可能だという、等々のことは、すでに読者諸氏は周知のことだと思う。ただ、「限界説」も、言うところの「限界」を超えた憲法の変更が改正手続きに従ってなされたときに、それを法的に無効だとするものではなく、それが実際に憲法として通用することになったなら有効なものとして受けとらざるをえない、とする。しかし、それはもはや「憲法の改正」とは言えず、憲法の廃棄と「新憲法の制定」とみなさなければならない、というのが「限界説」の主張である。一方「非限界説」は、憲法の定める手続きに従った変更であるかぎり、どんな内容のものであっても「憲法の改正」と呼んでいい、とするわけである。とすると、この「限界説」と「非限界説」の対立は、「憲法の改正」という言葉の用い方の問題に過ぎないようにみえる。しかし、理論的に詰めて考えてみると、ここには言葉の問題だけでない、ある意味重要な問題が潜んでいる。

なお、読者のなかには、憲法改正に限界があるとする以上、その限界を超えた「改正」は無効とすべきではないのか、という疑問を持つ人もいるかもしれない。しかし、さきに述べたように、憲法が憲法として通用するのは国民がそれを憲法として認めているからである。とすれば、たとえ限界を超えた「改正」が行われたとしても、国民がその「改正」後の憲法を憲法として認めたならば、それは憲法として通用するのであり、もはやそれを無効とする根拠がなくなってしまう。したがって、限界を超えた「改正」だからといって、それが実際に憲法として通用することになったなら、無効とは言いえないことになるわけである。

「改正限界説」に立ったとしても「限界」を超えた「改正」を法的に無効とすることはできない、ということなら、「限界説」でも「非限界説」でもどっちでもいい、そんな議論は無意味だ、ということになりそうだが、私は、理論的には「限界説」が正しいと考える。ほとんどの国の憲法は、憲法改正の発議権や議決権を議会に与えているが、議会は現憲法のもとで存立しているものであり、その議会がみずからの存立の基礎となっている憲法を廃棄するような発議・議決ができるとするのは、理屈に合わないからである。《議会は国民の代表なのだから、「国民の憲法制定権」を代表して行使すると考えれば、現憲法を廃棄して新憲法を制定することも可能であり、それを改正手続きを借りて行ったとしても理論的に問題になるところはない》、という理屈も成り立ちそうにみえる。しかし、議会が「国民の代表」であるのは、あくまでも現憲法を前提にしての話である。現憲法を離れて議会が「国民の代表」として行動できるわけではない。だから、現憲法が議会に「国民の憲法制定権」じたいの代表行使を認めている場合でないかぎり、「国民の代表」であっても「国民の憲法制定権」そのものを行使することはできないのである（「国民の代表」は「国民」それじたいではない！）。

*1　スペイン憲法168条〔憲法の全面改正および特別の改正の手続き〕
1　憲法の全面改正、または序編、第１編第２章第１節もしくは第２編に関する部分改正が発議されたときは、両議院の議員のそれぞれ３分の２以上の多数の議決により、この原則を承認し、直ちに、国会を解散する。
2　新たに選出された両議院は、前項の決議を承認し、新憲法草案の審議を開始しなければならない。新憲法草案は、両議院議員のそれぞれ３分の２以上の多数の議決により、これを承認しなければならない。
3　憲法改正が、国会により可決されたときは、承認を得るため、これを国民投票に付する。

もちろん、憲法自身がその基本的な原理を大きく変更する「改正」（すなわち現憲法の廃棄と新憲法の制定）を認め、そのための手続きを用意している場合には、話は別である。たとえば、スペイン憲法は、憲法の全面改正や重要な基本原理にかかわる改正を、通常の改正の場合よりもさらに厳格な要件によって、明文で認めている（このような改正の提案があった場合には、両院の三分の二以上の賛成でこれを承認した上で議会を解散、新たに選出された議会で新憲法草案を作り両院の三分の二以上の賛成で議決して国民投票に付する＝スペイン憲法一六八条[*1]）。したがって、スペインの場合には、この手続きに従うかぎりにおいて、現憲法を廃棄し新憲法を制定するような憲法「改正」も可能だということになる。この場合には、理論的には、憲法制定権を持つ国民が、新憲法制定のための一過程である新憲法草案の審議・確定という作業を、上記手続きに従うことを条件に議会に委ねた、と理解することができる。

日本国憲法には上記スペイン憲法のような規定はない。つまり、新憲法制定のための手続きはいっさい定められていないのである。だから、日本国憲法のもとでは、国会は、実質的に新憲法の制定とみなすべき現憲法の「全面改正」や重要な基本原理を変質させるような「改正」を発議することはできず、したがって憲法改正には限界がある、ということになる。

●四●　日本国憲法のもとで「新憲法の制定」は、どうやったらできる？

前述のように、日本国憲法には新憲法制定のための手続きは定められていないから国会は実質的に新憲法の制定とみなすべき「改正」を発議することはできない。したがって憲法改正には限界がある、ということになるのだが、しかし、ここには論理の「トリック」があるようにもみえる。それは、「実質的に新憲法の制定とみなすべき改正」という言い方じたいが「改正限界説」を前提にした言い方ではないか、ということである。「非限界説」を前提にすれば、憲法の定める改正手続きに従った改正であるかぎり、それはどんな内容のものであっても「憲法の改正」であって「新憲法の制定」ではない、ということになるから、国会は両院の三分の二以上の賛成があればどのような改正も発議できる、という結論になる。だから、結局「言葉の問題」に過ぎない、ということになりそうである。

しかし、憲法改正に限界はないという考え方は、日本国憲法のもとでは、やはり成り立たない。憲法改正の発議権は国会に与えられている(九六条)。そして、その国会を構成する国会議員には「憲法尊重擁護義務」が課せられている(九九条)。このことから言えることは、国会の憲法改正発議権は「憲法尊重擁護義務」の範囲内でのみ認められているものだ、ということである。現憲法を全面的に書き換える「全面改正」や現憲法の基本的な原理・原則を変質させてしまうような「改正」は、現憲法の否定にほかならないから、そのような「改正」を国会が発議することは明らかに「憲法尊重擁護義務」に反する。したがって、日本国憲法はみずからを否定するような「改正」を認めていない、という結論にならざるをえない。つまり、日本国憲法は、改正手続きに従うかぎりどんな内容の「改正」であってもよいという立場はとっておらず、改正に内容上の限界を設けているのである。日本国憲法の解釈論としては、「改正限界説」以外には成り立ちようがないと思う。

では、日本ではもう「新憲法」を作ることはできないのか? そう、日本国憲法のもとではできない。つまり、いまの憲法のもとで憲法に則って合法的に「新憲法」を制定することはできないのである。ただし、「合法的」ということにこだわらなければ、できる。革命やクーデターで権力を奪取し、現憲法を廃棄して「新憲法」を制定するのである。日本国憲法に代えて「新憲法」を作りたいと思う人たちは、こうする以外にはその思いを実現する方法はない。そして、それらの人たちは、本来、国会議員や大臣になってはいけない。国会議員や大臣になれば「憲法尊重擁護義務」

を負うことになるから、「新憲法の制定」という自分たちの政治理念を捨てなければならないからである。「新憲法の制定」を言いながら議員や大臣になるというのは、自己矛盾である。「新憲法の制定」を掲げる政治団体やそのメンバーは、統治機構とは距離を置くべきである。これが憲法理論上の帰結である。

しかし、それでは、「新憲法の制定」という目的は、文字どおり力ずくで権力を奪取しないかぎりできないことになってしまう。まさに目に見える形での革命やクーデターを起こさなければならない、ということになる。だが、そういう文字どおり力ずくでの権力奪取は、日本のように政治的に成熟し安定した国では、正当性への疑念・批判を免れず、不可能に近い。だから、「新憲法の制定」をめざす人たちは、日本国憲法のもとで権力を握ることによって、その権力を使って「新憲法の制定」を行おうとするわけである。つまり、国会で三分の二以上の勢力を獲得し、憲法改正の手続きを借りて「新憲法」を制定しようというわけである。そうすれば、「憲法に従った改正なのだ」と言って「合法性」を偽装し、正当性への大きな疑念や批判を回避して自分たちの目的を達成できることになる。けれどもそれは、憲法の内容を日本国憲法とは違うものに変質させるのだから、憲法を「尊重擁護」したことにはならない。国会議員に課せられた「憲法尊重擁護義務」を無視してのみ、できる行為である。「憲法尊重擁護義務」を無視するということは、憲法そのものを無視するのと同義である。権力を握って憲法を無視する。そして、その憲法を否定して「新憲法」を制定する。これはクーデターそのものである。たとえ暴力的手段に訴えなくとも……。

自民党は「自主憲法制定」を党是としている。ほかにも、自民党よりさらに「右」側で「自主憲法制定」を唱える政党もある。こういう政治集団のメンバーが多数国会議員になり、政権の座にすわって内閣総理大臣やその他の大臣にさえ就いている。そして自民党は、「新憲法草案」を発表し、日本国憲法の改正手続きを借りて「新憲法の制定」を行おうとしている。こういう形で、国民にはそれと気づかせない形で、彼らはいま、実際、クーデターを進行させているのである。だから、本来なら、日本の国民は、この政権の正当性に疑念や批判を突きつけなければならないはずである。しかしそれが、「憲法改正」の問題だとされることによって覆い隠されてしまっているわけである。

すでに何度も言っているように、憲法は国民がそれを憲法として認めているから憲法として通用するのであるから、憲法改正の限界を超えた「改正」すなわち「新憲法の制定」が行われても、それを国民が承認してしまえば、それまでである。国民がその「新憲法」を憲法として認めたなら、そちらが憲法として通用することになるのだから、もはや「限界を超えた改正だから云々」の議論は意味をなさないものとなる。だから、そうなる前に、憲法制定権者である国民が「憲法改正の限界」をきちんと認識しておく必要がある。もちろん、国民が、いまの憲法ではだめで「新憲法」が必要だ、と考えるのなら、「新憲法の制定」はあってもよい。ただし、それが実質的に革命やクーデターに匹敵する行為だということを自覚的に認識したうえで、いま、そのような革命やクーデターが必要な状況にあるのかどうかを十分に考え抜いたうえでの決定でなければならない。それだけの重大事項だということを国民各自が十分自覚したうえで、国民の大多数が「新憲法」を必要とすると考えるのなら、そのときは堂々と「新憲法」を制定すればいいし、そのための手続きも、そのときに、最適なものを考え出せばよい。

●五● 「国」・「国家」という言葉がやたら出てくる自民党「改憲案」

さて、「自主憲法制定」を「党是」とする自民党は、結党五〇年の二〇〇五年に「新憲法草案」[*2]なるものを発表し、現憲法を廃棄して新憲法を制定することを明示的に表明した。これは「クーデター宣言」にほかならないのだが、当の自民党にはもとより国民世論にもそういう意識はほとんど

*2 全文は http://tamutamu2011.kuronowish.com/jiminkaikenann.htm を参照。

*3　全文は http://constitution.jimin.jp/draft/ を参照。

なかったようである。ただ、現憲法の否定という意味合いをもつ「新憲法」という言い方は「どぎつすぎる」と思ったのかどうか、自民党は二〇一二年に、今度は「憲法改正草案[*3]」という形で現憲法の全面「改憲」案を出してきた。だが、その自民党二〇一二年「改憲案」は、二〇〇五年「新憲法草案」よりもさらに「上」を行く極右国家主義的な内容のもので、二〇〇五年版と同じく現憲法の完全な否定を意図するものである。そういう意味で、これは憲法「改正案」ではなく、やはり「新憲法案」なのである。

二〇一二年の自民党「改憲案」のきわめて特徴的な点は、「国」とか「国家」という言葉が、現憲法に比べてやたら多く出てくることである。ためしに、その数を数えてみた（「わが国」とか「日本国」という言い方も含む）。その結果（もしかしたら漏れがあるかもしれないが）、現憲法では「国」とか「国家」という言葉が使われているのは全部で一五箇所であるが、自民党「改憲案」では三五箇所にのぼる。まず、「前文」からして、自民党「改憲案」は「国」や「国家」のオン・パレードである。現憲法の「前文」には「国」や「国家」という言葉は三回しか出てこないが、自民党「改憲案」の「前文」は現憲法の「前文」の半分足らずの文章なのに、そこに七回も「国」や「国家」という言葉が出てくるのである。

日本国憲法「前文」では、第一項で「わが国全土にわたって自由のもたらす恵沢を確保し」という文脈の中で、第三項で「いずれの国家も、自国のことのみに専念して他国を無視してはならないのであって」という文脈の中で、そして最後に「日本国民は、国家の名誉にかけ、全力を挙げてこの崇高な理想と目的を達成することを誓う」という文脈の中で、「わが国」、「国家」という言葉を使っている。このうち第三項の「国家」は、すべての国を指しているのであって、日本のことを言う文脈の中でその言葉が使われているわけではない。そういう意味で言えば、日本国憲法「前文」で、日本に関して「国」とか「国家」という言葉が出てくるのは二回だけだとも言える。

これに対し、自民党「改憲案」の「前文」は、まず、書き出しからして「日本国は」で始まる。そして、それは「天皇を戴く国家」だという。第二項も主語は「わが国」である。第三項は「日本国民は」で始まるが、その国民が何をするのかといえば、「国と郷土を誇りと気概を持って自ら守り」、「互いに助け合って国家を形成する」というのである。そして第四項も「我々」を主語としながら、その述語は「国を成長させる」である。そして最後の第五項は、「日本国民は、良き伝統と我々の国家を末永く子孫に継承するため、ここに、この憲法を制定する」となっている。つまり、すべては「国」のため、というわけである。主体は「国家」であって、国民は「国家」のために何かをすべき存在、という位置づけになっているのである。憲法の目的も、国民の権利・自由や平和な生活を守ることにあるのではなく、「伝統」と「国家」を「末永く子孫に継承する」ことにあるのだという。

日本国憲法の「前文」は、すべて、「日本国民」（またはそれを指す代名詞としての「われら」）を主語としている。その述語にも「国のためにどうこう」という記述は一切ない。それは、日本国憲法が、国民を主体とし国民の権利・自由や平和な生活を守るためのものとして作られているからである。自民党「改憲案」は、これとは真逆である。「国家」を主体とし「国家」の「継承」を目的とするものとして書かれたものなのである。これだけでも、この「改憲案」が現憲法体制を根底から覆そうとするものだということがわかる。

それにしても、この自民党「改憲案」を書いた人たちは、「国」とか「国家」というものをどうとらえているのだろう。なかでもわけがわからないのが、同「改憲案」第九条の三「国は、主権と独立を守るため、国民と協力して、領土、領海及び領空を保全し……」という一文である。第二五条の二でも、環境保全に関して「国は、国民と協力して……保全に努めなければならない」と書かれている。「国」と「国民」が協力するとは、いったいどういうことなのか。「協力」というからには、両者は別個の存在だということになる。とすると、「国」には「国民」は含まれない、ということになるが、「国民」を含まない「国」とは、いったい何を指すのか。「国民」に対置される「国」とはいったい何なのか。

それに対する答えは、あるとすればただ一つ、そこでいう「国」とはじつは統治権力それじたいを指すのだ、ということしかない。自民党「改憲案」が前提としている「国」とか「国家」は、その言葉から一般的にイメージされるものとは違って、統治権力そのものを意味しているわけである。そういう「国」とか「国家」のための憲法、つまりは権力のための憲法、それこそが、自民党が作ろうとしている憲法なのである。「国」と「国民」が「協力」するというのも、具体的には、統治権力を握っている者と個々の国民が協力するということを意味することになるが、その「協力」は、一方が権力を握っている者である以上、対等な関係における協力とはなりえず、権力側が国民に「協力」を「強制」するということにならざるをえないであろう。こうして、「国」や「国家」という言葉の「乱発」のなかから、自民党「改憲案」が権力の側の立場から権力のために書かれた「改憲案」だという、その「本音」・「本質」が浮かびあがってくる。彼らは、自分たちが権力の側にいることを当然の前提としていて、そういう「上から目線」でしか考えないから、こんな「改憲案」が出てくるのだと思う。そんな「支配する側」からの目線で構想された「改憲案」は、一つたりとも絶対に受け入れてはならない。

●六● 憲法を国民の手から奪い取る九六条「改正」

二〇一二年末に政権に返り咲いた自民党は、「改憲」に前のめりな安倍首相のもと、まず憲法改正要件を定める九六条の「改正」をぶち上げてきた。国会による憲法改正案の発議の要件を、衆参両院それぞれ総議員の「三分の二以上」から「過半数」に緩めよう、というのである。《「三分の二」を「過半数」に緩めることで国会が改憲発議しやすいようにする。そうして国民に問題を投げて国民の判断に委ねる。憲法改正権は国民にあるとする以上これが本来の筋ではないのか》というのが、その論理である。そうして「これは憲法を国民の手に取り戻すための改正だ」と安倍首相や自民党などは主張する。しかし、この手の耳あたりの良い言葉にだまされてはいけない。このような九六条「改正」は、決して「憲法を国民の手に取り戻す」ものではなく、まったく逆に「憲法を国民の手から奪い取る」ものである。

憲法改正案の発議要件を総議員の「三分の二以上」から「過半数」に緩めることは、実際には何を意味することになるか。それは、ズバリ、政権与党だけで発議できる、ということである。衆参でいわゆる「ねじれ」がある場合には一部野党を取り込む必要も出てくるが、国会の多数派が内閣を組織する議院内閣制のもとでは、基本的に、政権与党は国会の「過半数」を占めているからである。そして、政権与党だけで改憲発議ができるということは、政権にとって都合の良いように憲法を変えることが一層容易になる、ということを意味する。政権にとって都合の良いように憲法を変えることが容易になれば、憲法は、もはや、権力に対する統制規範としての意味を失う。憲法による縛りがじゃまだと思えば、政権側はいつでも改憲発議をしてそれを通しさえすればいいのだから。そもそも憲法は、権力担当者に対する国民からの指示・命令である。その指示・命令の内容を権力担当者が自分たちの都合の良いように変えられるというのでは、国民がどんな指示・命令をしても、それはまったく無意味なものとなる。つまりは、国民が権力担当者に対して指示・命令することの意味を奪ってしまうものであり、これはすなわち、政権が「憲法を国民の手から奪い取る」ことにほかならないのである。

もっとも、これに対しては、「国民投票があるのだから、過半数に緩めたからといって、直ちにりえよう。もちろんそのとおりで、いくら国会が「過半数」をもって改憲発議をしてきても、国民投票でそれを否決すれば改憲は成立しない。だから、国民がしっかり権力を監視し、権力側に都合の良いような改憲は許さないという固い意思をもっていれば、国会による発議要件を「過半数」に緩めることが直ちに政権にとって都合の良いような改憲を可能にし「憲法を国民の手から奪い取る」ことになるというわけのものではない、と言える。私としても、そうあることを期待したい。しかし現実問題として、すべての国民がそのような「固い意思」をもっていると想定することはできないし、それを期待することにも無理がある。とくに、権力をもっている者は、自分たちに都合の良い情報を発信することに困難はなく、情報操作を通じた世論誘導も容易にできる。そのうえ、こんにちの日本のマスコミは、権力に迎合するか、そうでなくてもせいぜい控えめな権力批判しかできないものばかりだから、権力に都合の良い改憲発議がされても、それを徹底的に批判することはせず、賛否両論・「どっちもどっち」的な報道ばかりを垂れ流すであろう。そういう状況の中では、改憲発議がされて権力側が大々的な改憲キャンペーンを張ったら、それに抗してなおも「固い意思」を貫くことができる国民は、きわめて数が限られることにならざるをえない。このような事情に頬被りして国民投票を言い訳に発議要件の「緩和」を正当化するのは、いかにも不誠実な議論である。実際、安倍首相などが九六条「改正」を言い出したのは、国会さえ通せば国民投票は何とでもなると考えているからであろう。

「国民の判断に委ねるのが筋だ」とか「国会の三分の一の反対で国民が判断する機会を奪ってしまうのはおかしい」というのは、いかにももっともそうな理屈である。しかし、国会による発議の要件を緩くして国民に問題を投げ国民の判断に委ねるというのが、本当に「本来の筋」だと言えるのであろうか。これは、憲法九六条が、最終的には国民の判断に委ねながら発議の要件を両院それぞれ総議員の三分の二以上と定めたのはなぜか、という問題の理解にかかわる。憲法九六条が国会による発議要件を総議員の三分の二以上という厳格なものにしているのは、両院で十分に議論を尽くし、少なくとも両院それぞれ三分の二以上の議員が賛成するまでに議論が熟してはじめて「国民に問題を投げる」べきだ、ということを意味している。憲法改正について、最終的に国民の判断に委ねるにしても、その改正によって何がどうなるということが国民に十分伝えられないままでは、国民は的確な判断ができない。「国民に問題を投げる」前に、その憲法改正の積極面と消極面が包み隠さず国民の前に明らかにされることが必要なのである。それには、改正に積極的な立場、慎重な立場、消極的な立場のあいだでの十分な議論が不可欠である。そのことによってはじめて、一人ひとりの国民はそれぞれの立場・立ち位置において的確な判断をすることが可能となる。

憲法九六条は、このような国民の的確な判断を助けるための情報提供と熟議を、国会の重要な任務として課しているわけである。もちろん、その場合であっても、改正するかどうかは最終的には国民の判断に委ねられるから、国会で両院それぞれ総議員の三分の二以上が賛成するまでに熟議を重ねてもなお、国民投票でそれを否決するということは、当然ありうるし、あってよい。だから、国会両院の三分の二以上の賛成による発議というのは、国会の権限というよりも、むしろ任務というべきものなのである。発議要件が「過半数」でいいということになれば、さきに述べたように、基本的に政権与党だけの賛成で発議できるということになるから、改正に慎重な立場や消極的な立場との十分な議論を経ないでも発議が可能となる。そうなれば、的確な判断のための情報提供も熟議もなしに、国民は賛成か反対かの判断を迫られることになる。そのような憲法改正のあり方は、決して「本来の筋」と言えるようなものではないはずである。発議要件を「過半数」に緩めるのは、国民の的確な判断のための情報提供と熟議という、国会に課せられた重要な任務の放棄以外のなにものでもないのである。

安倍首相などは「九六条改正に反対するのは国民を信用していないということだ」などとも言ったが、以上述べたところから、それがまったく的外れな言説であることは明らかであろう。逆に、九六条「改正」を叫ぶ人たちは、「両院の三分の二」を大きな壁と感じても「国民投票の過半数」はそれほど大きな壁とは思っていないのだろうから、国民を見下しているとしか言いようがない。「国民投票の過半数」を大きな壁と感じているのなら、国会で四九％の反対があっても発議して国民投票にかけるなどという「冒険」は、絶対できないはずである。「国民の判断に委ねるべきだ」という彼らの言いぐさの裏には、「国民投票はどうとでもなるから、発議要件さえ緩めれば思うような憲法改正ができる」という思惑が潜んでいるのである。

●七●「緊急事態条項」という時代逆行

九六条「改正」の目論見は、思うほど世論がついてこなかったばかりか、憲法改正の「裏口入学」だなどとの批判も結構強く、安倍政権・自民党もいまのところはいったん引っ込めたような形になっている（しかし、二〇一二年の自民党「改憲案」にはちゃんとそのことが書き込まれているから、自民党はこれを完全にあきらめたわけではないだろう）。それに代わって、またぞろ言われ出したのが、「緊急事態条項」である。阪神・淡路大震災の直後にも、そして東日本大震災と福島原発事故のあとも、こうした大規模災害等の非常事態に対応する仕組みの不備が震災や原発事故への対処を不十分なものにしている大きな要因だとして、非常・緊急事態に素早く対応できるように憲法を改正する必要がある、などとする議論が、まことしやかに喧伝された。そして、復興に向けての有効な政策・対策を迅速機敏に打ち出すことのできない政府の対応ぶりをみていると、そんな議論も、もっともらしく聞こえてしまうのかもしれない。

*4　フランス憲法16条は、緊急措置権発動の要件を「共和国の制度、国の独立、領土の保全又は国際的取極の執行が重大かつ直接に脅かされ、かつ、憲法上の公権力の正常な運営が阻害される場合」と定めている。

憲法は、国家権力の根拠となると同時にその発動・行使を制限し、国民の権利を保障するための法である。だから、権力者が独断的に行動することはできず、国民の権利を奪ったり合理的理由なく制限したりすることはできない。権力を発動して国民の権利を制限するには、制限の必要性・合理性を明示したうえで、憲法の定める手続きに則って行うことが必要となるのである。しかし、戦争・内乱や大規模な自然災害などの非常・緊急事態の際には、そんなまどろっこしい手続きを踏んでいたのでは間に合わない、というので、憲法に拘束されない権力行使や法律にもとづかない権利制限も認めるべきだ、とする議論は、憲法学・法律学の世界でも、ないわけではない。いわゆる「国家緊急権」の議論である。

「国家緊急権」とは、戦争・内乱や大規模災害などによって、国家の存立自体が脅かされるような非常・緊急事態が発生し、憲法に定められている通常の方法によってはそれを乗り切ることができないというときに、一時的に憲法を停止して超憲法的な緊急措置をとる国家の権能だ、とされる。要するに、非常・緊急事態の際に憲法の拘束を外して権力者に権限を集中させることを意図したものである。つまり、「立憲主義」の停止であるが、国家の存立自体の危機なのだからその国家の基本法たる憲法そのものの危機ということができる、ということで、「国家緊急権」は憲法体制の崩壊を避けるために憲法を停止するものであって「憲法保障」のための手段だ、などと言われたりもする。

しかし、これが、「権力に対する法的制限」を基本要素とする近代立憲主義の重大な例外であることは間違いなく、この「国家緊急権」を文字どおり「超憲法的」に、憲法に規定されていなくても非常・緊急時には当然認められるものだとするのは、立憲主義それ自体の否定と大差ないものとなる。だから、「国家緊急権」というものを認めるとしても、たとえばフランス憲法（一六条[*4]）のように非常時における大統領の緊急措置権を憲法上明文で定めているような場合にのみ、その限度で認められるものと考えるべきこととなる。日本国憲法には、このような、政府に非常権限を認める規定はない。「だから震災や原発事故への迅速な対応ができないのだ、憲法改正しかない」と言うのが、「それみたことか」式の改憲派の議論なのである。

しかし、震災や原発事故への対応がもたついているのは、政治家や官僚たちの想像力と責任感の欠如のためであって、憲法のせいではない。憲法や人権というものを毛嫌いする人々は、事あるごとに、憲法の拘束をなくして人権を制限できるようにしようと、なんでも憲法のせいにしたがるのである。もっともらしく聞こえたとしても、それは真実ではない。彼らの真意は、自分たちが思うように権力を振るうことのできる憲法にしたい、ということでしかないのである。

かつて、一九二五年に、ハンス・ケルゼンは、「国家緊急権」について次のように述べた。

「国家は〈生存〉しなければならないという殊勝な断言の背後には、多くは次のような無遠慮な意志だけが隠れている。それは、国家は、〈国家緊急権〉というものを是認させて、これを利用する人々が正しいと思うように、生存しなければならないという意志である[*5]」。

同様に、尾高朝雄は、一九四三年の論文で、こうも言っている。

「国家の生命を保全せねばならぬ、という何人も肯わざるを得ない主張の蔭には、国家緊急権の旗旌をかざして国家の運営を自己の描く筋書き通りに専行しようとする意図が秘められ易い[*6]」。

緊急事態条項＝国家緊急権については、その主張の裏には思いどおりに権力を振るいたいという権力者の思惑があるということが、もう一世紀近くも前から指摘されてきているのである。それを知らないで「緊急事態条項」を叫んでいるのだとしたら、無知も甚だしいし、知ってのうえなら、たちの悪い時代逆行である。

*5　H・ケルゼン〔清宮四郎・訳〕『一般国家学』262-3頁。
*6　尾高朝雄「国家緊急権の問題」法学協会雑誌62巻9号28頁。

●八●「合区」解消へ「改憲」？

緊急事態条項と並んで最近急浮上してきたのが、二〇一六年の参議院選ではじめて導入されたいわゆる「合区」を解消するための憲法改正である。二〇一六年の参議院選では、「一票の格差」是正のために、人口の少ない島根県と鳥取県、高知県と徳島県がそれぞれ「合区」され、都道府県単位の選挙区という従来の選挙区割りがはじめて変更された。しかし、この「合区」に対しては、当事者たる四県の住民を中心に、選挙前から、そして選挙後にはますます、批判や不満が強く出された。「一票の格差」是正のためと言いながら、この「合区」を含む定数見直しでもなお最大三倍程度の格差が残って、違憲状態が解消されたわけではなく、そもそもが場当たり的な措置でしかなかったから、批判や不満が出るのは当然といえば当然である。が、選挙が終わるや、自民党などからは、自分たちが提案して決めたことだということも忘れたかのように、つぎの選挙までには「合区」を解消すべきだとの声が吹き出し、さらに、全国知事会は「都道府県ごとに集約された意思が国政に届けられなくなるのは非常に問題だ」として、「合区」を早急に解消し、これに関する「憲法改正」についても議論すべきだ、とする旨の決議を採択した。

「合区」解消と「憲法改正」が、どうつながるのか？　最高裁は、参議院選挙区の「一票の格差」を「違憲状態」とした二〇一二年の判決[*7]で、「参議院だから投票価値の平等の要請が後退してよいと考えるべき理由はない」、「より適切な民意の反映が可能となるよう、都道府県を選挙区単位とする方式を見直すなど、現行の選挙制度の仕組み自体の見直しを早急に行うべき」旨、述べていた（この判決では、「違憲状態」とした裁判官が一二名、「違憲」としたのが三名、つまり一五名の裁判官全員が「違憲」の状態であると判断したことになる）。つまり、都道府県単位の選挙区割りを合憲

*7　2012年10月17日最高裁大法廷判決、裁判所HP（www.courts.go.jp/）参照。

的に維持することはもはや不可能だ、ということである。だから、あくまで都道府県単位にこだわるなら、「憲法改正」しかないことになるのである。

では、その「合区」を解消するために、憲法のどこをどう変えるのか？　憲法には、「選挙区」に関しては「法律でこれを定める」（憲法四七条）とあるだけで、参議院の選挙区を都道府県単位にするとは、どこにも書いてない。とすれば、たとえば四七条に、「ただし、参議院選挙区選出議員の選挙区は、一の都道府県の区域とする」というような規定を加えれば、それで解決できそうにみえる。しかし、事はそれほど単純な話ではない。まず第一に、仮に都道府県単位の選挙区ということが憲法上規定されたとしても、だから「一票の格差」が許容されるということになるわけではない。これを両立させようとすれば、（都市部への人口集中が続くかぎり）参議院議員の総定数をその都度その都度増やしていくしかないことになるが、それでいいのか（二〇一五年人口速報をもとに、都道府県単位の選挙区で「一票の格差」を可能なかぎり最小に押さえようとすれば、私の簡略な試算では、選挙区選出議員の総数はすでに四二四人必要になる）。あるいは、たとえば鳥取選挙区からは二人の議員、東京選挙区からは四六人の議員（二〇一五年人口速報をもとに計算すればそうなる）というように、都道府県間で選出される議員の数に極端な不均衡が生ずることになるが、こうしたことは都道府県単位ということを重視する立場と相容れるのか、というような問題が出てくる。

こうした問題を解決するためには、さらに憲法四三条を改正して、参議院は「全国民を代表する」のではなく「各都道府県を代表する」議員で組織する、とすればいいようにみえる。都道府県代表ということなら、各都道府県から、その人口には関係なく、同数の議員を選ぶ、という形にすべきであるから、「一票の格差」問題は考慮する必要はないことになる（ここに下手に中途半端な人口比例原則を持ち込むことは、投票価値も不平等になり、かつ都道府県間の不平等も生じさせる、というように、何もかもが不平等な制度になってしまう）。しかし、それならば衆議院はどうするのか？衆議院議員は「全国民の代表」で参議院議員は「都道府県の代表」とするのなら、衆議院と参議院の関係やそれぞれの権限にかかわる憲法の規定は全面的に見直す必要が出てくるだろうし、なによりも、連邦制国家でもない国で明確に地域代表として位置づけられる院を置くというのは、どのような代表民主制観を前提としているのか、その「哲学」が問われることとなる。そういう根本的な議論を抜きにして安直に「都道府県代表」などとしたら、あちこち矛盾だらけの憲法になってしまうであろう。

そしてもう一つ、以上の議論のそもそもの前提問題として、都道府県という存在は少なくとも憲法上明確に位置づけられた存在ではない、ということに気づかなければならない。憲法は、地方自治の主体として「地方公共団体」というものを掲げるが、「地方公共団体」がどんなものかは、「地方自治の本旨」にもとづいて法律で定める、と規定するのみである（憲法九二条）。つまり、都道府県というのは法律上定められた存在であって（地方自治法一条の三第二項）、憲法は都道府県というものの存在を当然の前提としているわけではないのである。だから、もし参議院を「都道府県代表」として位置づけるのなら、都道府県というものを憲法上の存在として明確に位置づける必要がある。それは、日本国憲法における地方自治の位置づけをどう考えるかという問題にもつながっていく。「都道府県代表」というはっきりした位置づけにしないとしても、そもそも都道府県という単位を、憲法上明確に位置づけられているわけでないにもかかわらず、どこまで重要視するか、ということじたいが、地方自治のあり方についての本質的な議論を要求するものなのである。「合区」解消のための「改憲」というと簡単な話のように聞こえるが、それは、代表民主制のあり方、衆参両院の関係のあり方や二院制のそもそもの存在理由、あるいは地方自治のあり方など、憲法全体、とりわけ統治機構にかかわる規定の全体に、それもより根源的なところにかかわる問題として、関係してくるのである。

「合区」解消が目的なら、もっと簡単な方法がある。全国一区の比例代表にすればいいのである。そうすれば、衆議院の選挙制度との違いも明確になるし、なによりも「地域代表」的な意識を払拭して本当の意味での「全国民の代表」で構成される院として、参議院の存在意義も高まると思うのだが。

●おわりに●

憲法改正は、本当にそれが必要だと国民が考えるのなら、どんどんやればよい。ただし、「改正」には限界があるということは、きちんと意識しておかなければならない。そのうえで、さらに、その限界を超えて憲法を変更しなければどうにもならないという事態に直面し、そのような憲法の変更がどうしても必要だと国民が考えるに至ったなら、いまとは違う国を作るのだという覚悟を決めて、新憲法を制定すればよい。いずれにしても、最も重要な要素は、国民が本当にそのような憲法の変更を必要と考えるかどうか、である。しかし、現下の日本の「改憲」論議は、権力を握った右翼勢力とその取り巻きが、最終的には「大日本帝国」の復活を夢見て、それを実現するためにあれやこれやの「目くらまし」的な「改憲」候補を場当たり的に出したり引っ込めたりしているだけである。そうして、何か一つでも「ビンゴ」になれば、それを突破口に最終目標への道を開いていこうとしているのである。だから、具体的な話になると、本稿で見てきたように、どれもこれもまったく筋の悪い、程度の低い議論ばかりである。憲法を国民の手に取り戻すために、まずはこういう権力者の側からの低次元の「改憲」論を潰していかなければならないと思う。

■第七章■

「天皇は、象徴である」という憲法規定の核心的意味

森　英樹
法学館憲法研究所研究員
名古屋大学名誉教授

2016年8月7日撮影のメッセージ（提供：宮内庁）

●はじめに●　八・八メッセージ

本書の企画が浮上したのは、「戦後七〇年」がひとしきり話題になった二〇一五年夏ごろだったが、その当時は、憲法の「核心」問題を選び出して論ずる本書において、憲法第一章が定める天皇制ないし天皇制度を「核心」テーマとして取り扱う予定はなかった。ところが、二〇一六年七月一三日午後七時のＮＨＫニュースが、天皇のいわゆる「生前退位」問題をスクープ的に報道したことに端を発した一連の——本稿執筆時も続いている——「激動」のゆえもあって、本書企画でも一章を設けることになった。[*1]

八月八日午後三時には、前日午後四時半に収録されたという明仁天皇自身によるビデオ・メッセージが公表され、テレビ・ラジオの全局がこれを放送した。一一分間に渡って天皇が読み上げたその文書は、宮内庁が「象徴としてのお務めについての天皇陛下のおことば」とタイトルを付けて、同時刻に宮内庁ＨＰに公表している。[*2]なお、政府・宮内庁等がこれを天皇がその「お気持ち」を述べた「おことば」と呼び、その言い回しにならうメディアも圧倒的に多く、それにならってかこれに言及する論者にもこの用語を使用する例は多い。しかし、天皇の発言をこうした丁寧語で表記する立場に立たない本稿では、宮内庁ＨＰによる英文〝Message from His Majesty The Emperor〟[*3]を借用して、

*1　ちなみに、本件を天皇の「生前」退位問題と呼んだのは、NHK ニュースのオリジナルであった（https://www3.nhk.or.jp/news/special/japans-emperor/index.html）が、その一時間後に発行された産経新聞号外（http://www.sankei.com/module/edit/pdf/2016/07/20160713heika.pdf）を皮切りに、電子報道や翌日各紙でも「生前退位」の文字が踊った。ただこの「生前退位」という表現は、その後微妙に変更されていく。山本信一郎宮内庁次長（当時）は、天皇が「生前退位の意向を示した」とする報道について「そういう報

道があったことは承知しているが、そのような事実は一切ない」と否定したため、さまざまな憶測を呼んだが、天皇自身が「生前退位」という言い回しをしていないことをもって否定したという可能性もなくはない。メディアの流れを見ていると、10月末からはいくつかの新聞・テレビも「生前退位」という言い方に代えて単に「退位」または「譲位」という表現に変わっていく（参照、朝日新聞2016年10月29日夕刊「退位と譲位の使い分けは？」）。そこには、推察するに、美智子皇后が2016年10月20日の82歳誕生日に宮内記者会の質問に対して行った文書回答（http://www.kunaicho.go.jp/page/kaiken/show/3 ）で、「新聞の一面に『生前退位』という大きな活字を見た時の衝撃は大きなもの」で「それまで私は、歴史の書物の中でもこうした表現に接したことが一度もなかったので、一瞬驚きと共に痛みを覚えた」と述べ、天皇の死去を前提にした「生前」退位という表現に、遠回しながらいわばクレームを

以下「八・八メッセージ」と称したい[*4]。

その八・八メッセージによれば、明仁天皇は、天皇に就任して以来、「国事行為を行うと共に、日本国憲法下で象徴と位置づけられた天皇の望ましい在り方を、日々模索しつつ過ごして」きたが、「高齢による体力の低下を覚えるようになった頃から、これから先、従来のように重い務めを果たすことが困難になった場合、どのように身を処していくことが、国にとり、国民にとり、また、私のあとを歩む皇族にとり良いことであるかにつき、考えるようになり…、次第に進む身体の衰えを考慮する時、これまでのように、全身全霊をもって象徴の務めを果たしていくことが、難しくなるのではないかと案じ」てきた。そして「天皇の高齢化に伴う対処の仕方が、国事行為や、その象徴としての行為を限りなく縮小していくことには、無理があろうと思われ…、天皇が健康を損ない、深刻な状態に立ち至った場合、これまでにも見られたように、社会が停滞し、国民の暮らしにも様々な影響が及ぶことが懸念され…更にこれまでの皇室のしきたりとして、天皇の終焉に当たっては、重い殯（もがり）の行事が連日ほぼ二ヶ月にわたって続き、その後喪儀（そうぎ）に関連する行事が、一年間続き…、その様々な行事と、新時代に関わる諸行事が同時に進行することから、行事に関わる人々、とりわけ残される家族は、非常に厳しい状況下に置かれざるを得」ない。「こうした事態を避けることは出来ないものだろうかとの思いが、胸に去来することもあ」る。しかし「憲法の下、天皇は国政に関する権能を有し」ないので、「象徴天皇の務めが常に途切れることなく、安定的に続いていくことをひとえに念じ、ここに私の気持ちをお話し」したとして、「国民の理解を得られることを、切に願っています。」と締めくくった。

見ての通り、「退位」も「譲位」も用語としては語らなかったが、自身が健康を損なうことで生じるであろう（裕仁前天皇の在位末期に生じたような）「事態」を「避けることは出来ないものだろうか」という点が（したがって「生前退位」が）主要なアピール点であったことは間違いない。

付けたことが影響しているのかもしれない。
*2 http://www.kunaicho.go.jp/page/okotoba/detail/12
*3 http://www.kunaicho.go.jp/page/okotoba/detailEn/12#41
*4 天皇が口頭で発する公務上の意思表示は、旧憲法下では「勅語」と呼ばれたが、現憲法のもとでは、天皇の地位の変更に従いこの用語使用は止め、その後政府筋では徐々に「おことば」と呼ぶようになってきた。日常生活でも「お言葉を賜る」等々で使用されているように、用語としては「言葉」の丁寧語にすぎない。天皇の公的発言をそれとして引用するにしても、丁寧語で引用する立場に立たない本稿では、したがってぼかした言い方だが、本文に述べたように「メッセージ」と呼んでおく。この件を最初に報道したNHKニュースは、この発言を「お気持ち」表明としたが、この「お気持ち」という気持ち悪い表

ただ他方でこのメッセージでは、「天皇の務め」を、憲法が明定する一三個の「国事行為のみ」ならず、範囲不明確な「象徴としての行為」をも当然のごとく含んで解しており、短いメッセージの中で「象徴」という用語を八回も使ったように、とりわけ「象徴としての行為」に重きを置いて、「天皇の高齢化に伴い」それらを「限りなく縮小していくことには、無理があろう」ともしているので、天皇の職務を憲法どおり「国事行為のみ」に限定する構想はない。自ら「象徴としての行為」にいそしみ、それが高齢化で困難になってきたからといって、自らの在位存続を求めるというのは、ありていに言えば「筋違い」であろう。なお、この天皇のこのメッセージ・アピールは、現にこれを契機に天皇制度の変更が公的に議論されはじめたのだから、憲法が厳格に限定した「この憲法が定める国事行為のみ」(四条)という範囲を超えた行為であった。

これに対して安倍内閣は、首相の私的諮問機関、したがって公的性格に乏しい機関として「天皇の公務負担軽減等に関する有識者会議」(構成員は、首相が「私的」に選定した座長・今井敬経団連名誉会長、座長代理・御厨貴東京大学名誉教授[政治史学]ほか計六名。行政法学者一名を含むが憲法学者は含まない)を立ち上げたが、そのタイトルからも明らかなように、天皇メッセージの言う「象徴としての行為」をも含む「公的」な「負担」をもっぱら「軽減」することを主眼とした「有識者」の会議としているので、おのずと諮問の守備範囲は限定されていた。[*5] また、ことは天皇という憲法制度の地位を誰が担当するのかという憲法問題であり、日本国憲法一条は天皇の地位を「主権の存する日本国民の総意に基づく」とし、同二条は「皇位」を「世襲のもの」と定めるのみで、爾余は「国会の議決した皇室典範」という法律が決定するとしているのだから、天皇制度運用の変更が必要であるなら、「国民の総意」を得る必要があるし、その手始めに、国権の「最高機関」にして「唯一の立法機関」たる国会(憲法四一条)がまずはこの問題に対応するべきであろう。しかし実態は、首相の私的諮問機関にすぎない「有識者会議」なる組織が先行して二〇一六年一〇月

現も本稿ではとらない。なお、天皇・皇族には陛下・殿下を「敬称とする」という規定は、法律たる皇室典範の23条が定めるが、敬称を使用する立場に立たない本稿は、天皇・皇后等の職名のみを使用する。「今上」天皇も尊称であり、法令用語でもないので、本稿では天皇職にあるものの名をとって、現在は「明仁」天皇と呼ぶ。ついでながら、天皇以外の皇族に対しその名前に「さま」を付すのは、法的根拠さえないもので、おそらく政府・宮内庁が率先して使用し、メディアもこれにならっているため、市民生活にも学校教育でも浸透していて、「天皇陛下」ともども市民の日常会話でも平然と使用されているが、これもまた本稿では使用しない（余談ながら、小和田雅子が1993年6月9日に徳仁皇太子と結婚して皇族となった瞬間から、彼女に対する公的呼称もそれに従う報道も、従来の「まさこさん」から「まさこさま」になったが、当時筆者は講演などで「これで『上から読んでもまさこさま、下から読んでもまさこさま』

一七日から議論を開始し、一一月七・一五・三〇日の三回にわたって計一六名の（選任基準も定かでない）「専門家」から「ヒアリング」を行っていく。その結果、明仁天皇自身が希望していると推定された「退位」には、賛成八人、反対六人、慎重二人と見解が分かれた。このヒアリングには（これも選任基準が定かでない）四人の憲法学者も呼ばれたが、ここでも、退位に反対する者一（八木秀治）、一代限りの特例法による退位に賛成する者二（百地章・高橋和之）、皇室典範改定による退位の恒久制度化を主張する者一（大石真）と意見は分かれている。

こうした推移をたどって、「有識者会議」は計九回の議事を重ね、本稿脱稿直前の一月二三日、「今後の検討に向けた論点の整理」[*6]と題する文書を首相に手渡し、あわせて公表した。この文書では、天皇が退位するにしても、明仁天皇一代限りとすることが強くにじみ出た「各論併記」となっており、おそらくこれは八・八メッセージとは異なる筋道であるから、今後の推移は、本稿では確定的見通しを得られていない。そこで、こうした議論の政治的推移はこれを視界に入れつつも、この問題を考察する基本的視点（本書タイトルのいう「核心」）を考察することに移ろう。

●一● 日本国憲法における天皇制度の核心

1 「天皇制」とは異なる「天皇制度」の創設

「天皇」という名称の地位は、「天皇」の歴史とともに古くからあった。ただし最初期の「天皇」史は、古代天皇制支配を正統化するために、後に『古事記』（七一二年）や『日本書紀』（七二〇年）などで創作したものだから、たとえば現・明仁天皇を「第一二五代」天皇と呼ぶのは史実に反する。「天皇」とは「天の最高神」を意味する中国からの輸入語であるが、この語が歴史に登場するのは、早くとも推古天皇（「第三三代」とされる初の女性天皇で在位は五九三〜六二八年）のころからであっになり『これが本当のさまがわり』」とちゃかしたことがなつかしい）。

*5　首相官邸ＨＰ（http://www.kantei.go.jp/jp/singi/koumu_keigen/index.html）によれば、この会議は「天皇の公務の負担軽減等について、様々な専門的な知見を有する人々の意見を踏まえた検討を行うため」に設置されたというが、何よりも憲法上の制度である天皇の「負担」を議論するのに憲法学の専門家がいないのは疑問であろう。

*6　http://www.kantei.go.jp/jp/singi/koumu_keigen/dai9/siryou.pdf

*7　宮沢俊義「八月革命と国民主権主義」世界文化1巻4号（1946年5月）、後に宮沢『憲法の原理』（岩波書店、1967年）所収。「革命」とは、社会科学的には、ある階級から別の階級に国家権力が移行することであるが、憲法転換により「天皇」から「国民」に国家権力が移行したとみるなら「8月革命」ではあ

たとされる。しかしその後も政治生活・社会生活でこの地位を「天皇」と呼んだ例は少なく、政治的に最高の実権を掌握した時期も断続的でさほど長くはない。それが統治構造の名称として「天皇」称号で統一され、かつ、絶対的権力者の地位を与えられたのは、いわゆる「明治維新」後のことである。「明治維新」という権力変動を担った当時の支配層は、近代日本の強権的統合作用を「天皇」の地位にある者にあてがった。大日本帝国憲法は、この天皇を「皇祖（すなわち天照大神とその子孫とされた「初代」の神武天皇）・皇宗（「第二代」とされた綏靖天皇以後の歴代天皇）の神霊」で正統化・正当化し、それを継ぐ者と定め（告文）、冒頭第一条において「大日本帝国」はこういうものとしての「万世一系ノ天皇」が「之ヲ統治ス」と定めた。神秘的・非合理的なこの支配システムを「天皇制」と呼んだのは、戦前のマルクス主義社会科学と共産主義運動である。今でこそ「天皇制」用語は誰もが使用するが、戦前は、それを打倒する含意で用いたいわば抗議概念（streitbarer Begriff）であり、したがってそれを用いることすら、苛烈な弾圧を覚悟しなければならない用語であった。

　ポツダム宣言受諾に始まり日本国憲法制定に結実する戦後の憲法転換は、それが主権原理の転換を根底においているがゆえに、上記の意味での「天皇制」の終焉を含意している。しかし、憲法制定過程の政治力学から、「天皇」という名称の国家機関は存続し、しかも憲法第一章は、旧憲法同様に「天皇」の条項で占められ、章タイトルも「天皇」のままであった。「国民主権」は、その天皇の「地位」を定める第一条で「主権の存する日本国民の総意に基く」と修飾するところに現れるだけである。天皇主権から国民主権への転換は、憲法規定上は実に不鮮明であった。しかし、存続したのは「天皇」という名称の、しかし大日本帝国憲法とは原理的に異質な、したがって本質的にはまったく新しい国家「制度」としてのそれであった――はずである。だから現憲法制定とともに、「天皇制」は滅び、それとは似て非なる「天皇制度」が新たに出発した――はずであった。この変

るが、実態は異なっている。
*8　1946年11月4日朝日新聞。この記事の隣には、こうした公布場面を見た「憲政の神様」と呼ばれた政治家・尾崎行雄が寄せた「新憲法の運用」というタイトルの文章が掲載されているが、主権者となる国民が天皇に対して万歳を叫ぶ模様を見ながら、「この憲法を運用する國民はどうであらうか」と問いつつ、国民が主権者となることの困難さを説いているが、これは今もなお傾聴に値する一文であろう。参照、森英樹＝倉持孝司編『新あたらしい憲法のはなし』（日本評論社、1997年）205頁以下。

動を当時「八月革命」として説明した宮沢俊義の立論[*7]は、「革命」概念の科学的吟味を要するにしても、憲法上の主権原理の転換を突き止めていた点では注目に値するだろう。

だが、戦前の「天皇制」と戦後の「天皇制度」が、「天皇」という同一名称を含んでいたことに、すでにすっきりとした断絶だけでは説ききれない側面があることが暗示されている。そうなったのは、周知の通り、日本国憲法制定に関わる諸々の政治的ベクトルが織り成した妥協・矛盾・不徹底のゆえであった。しかもその憲法制定が、新主権者＝国民の主体的な選択の結果ではなかったため、大日本帝国憲法体制下で鍛えぬかれた「天皇制」意識で充満する社会が、この曖昧な側面を旧態の側から支えたところがある。

一九四六年一一月三日に行われた政府主催の「新憲法公布記念・祝賀都民大会」の模様を報じた四日付け朝日新聞第一面は、「十萬人の大唱和」と見出しを打った記事を掲載したが、記事を読んでいくと、その「大唱和」とは、自身が主権者になる「日本国憲法」の公布に対する祝意ではなく、「厳かに湧き起こる君が代の前奏」に促されて起こった「十万参会者の大唱和」のことであったし、予告なしに会場舞台に登壇した裕仁天皇夫妻に対し、興奮した聴衆が自然に発した「万歳」の「唱和」であった。[*8]

2　日本国憲法規定自体に忍び込んでいる連続面

「天皇制」の連続性は、主権原理転換の実態的不徹底という歴史的政治的側面だけではない。そうした実態にも支えられて、連続性は憲法の規定の中にも随所に忍び込んでいる。

①「天皇」という規定の存続――「天皇」という用語自体の使用を継承していることからして、すでに原理的切断が不透明になる。天皇とは「天上の皇（すめらぎ）」の意味であり、出自における中国の用法通り、天上＝神の世界に連繋する、極めて特殊な用語である。それがいきなり定義も

説明もなく日本国憲法の冒頭から登場する。国会・内閣・裁判所といった規定は、定義がなくとも比較法的にも憲法史上でも特定の意味があるが、天皇の場合はそうではない。英文の憲法は天皇を新旧憲法ともに the Emperor（皇帝）と記しているが、ヨーロッパ語としての Emperor は、それ自体が「神」ではなく、神から授権された世俗の最高位をさす（王権神授説）。だから Emperor という訳語では「天皇」の本来の意味は伝わらない[*9]。

憲法第二条が定める皇位世襲制度は、「世襲」概念が法的には人為的血統も含む[*10]以上、必ずしも自然的血統に限定されない制度であるが、下位法であるはずの皇室典範が、戦前は「万世一系」と定められていた旧憲法上の自然的血統主義を継承しているため、この「血の継承」をさかのぼることで、天上＝神の世界への連動をはたす。「天皇」に宗教的・神権的・神秘的要素が随伴するのは、この限りでほとんど必然的である。このように「天皇」用語自体にすでに旧憲法との連続面がひそんでいた[*11]。

②憲法条項編成自体の連続性――こうした詮索の目で憲法を眺めてみると、前文では冒頭で「主権が国民に存することを宣言」し、この国民主権が「人類普遍の原理」とまで高唱されていながら、肝心の具体的条項になると、第一章のタイトルも第一条の主語も、ともに「天皇」であり、第一章（第一条〜第八条）はすべて「天皇」の地位・権能を定めていて、その限りでは大日本帝国憲法の構成と変わるところはない。

日本国憲法の主権原理は、その対内的側面を第一章で、対外的側面を第二章で規定しているとされるが、前者で「国民主権」を定めたにしては、そのことがさほどヴィジュアルにはなっていない。それにしても、「この憲法の定める国事に関する行為のみを行ひ、国政に関する権能を有しない」者（憲法四条）のことが、「主権の存する」者、およびその主権発動システムよりも条文構成上先行して規定されるというのは、冷静に見れば奇異ではある。それは、第二章（第九条）が世界憲法

*9　このことを知る欧米の論者は、したがって英語なら emperor、仏語なら empereur、ドイツ語なら Kaiser とせず、そのまま Tenno と書くことが少なくない。たとえば、Peter Crome, Der Tnno, Köln 1988 ; Edward Behr, Hirohito, London 1989 など。

*10　宮沢俊義＝芦部信喜補訂『全訂日本国憲法』（日本評論社、1978 年）56 頁。

*11　用語問題で言うなら、たとえば「大臣」用語の継承もそうであろう。「大臣」とは天皇に従属する「臣民」のリーダーのことである。国民主権下の内閣構成員たる Minister が、なおも「大臣」とされるのは問題なしとしない。吉田首相が「臣・茂」と自署していたのは、よく知られている。

史に希有な「一切の戦争・戦力の放棄」を定めたこととともに、日本国憲法の、とりわけ制定にまつわる特殊性と、それに働いた政治的ベクトルに起因しているのである。

③国民主権原理との根底的矛盾——旧「天皇制」から原理的に切断し、国民主権という新原理に適合する「天皇制度」にするため、日本国憲法は、天皇を、「国の元首」にして「統治権の総攬者」という地位(旧憲法四条)から「日本国の象徴であり日本国民統合の象徴」という地位に転換し、その地位を「主権の存する日本国民の総意」に基づかせた(一条)。したがって「主権の存する日本国民」はその「総意」によって(憲法制定過程に即せば、英文憲法が示す通り「主権の存する人民の意思(the will of the people with whom resides sovereign power)」によって)、天皇の「地位」を任意に決定・変更しうるはずである(天皇制度自体の廃止には憲法改正が必要であろうが、この地位を「空位」にすることは、皇室典範を改正すれば不可能ではない)。

ところがその地位に就任可能な者は、憲法上「世襲」とあらかじめ特定されていて(二条)、「主権者国民の総意」は入口のところで発現が阻まれている。皇室典範所定の自然的血統主義や長子男子継承原則は、皇室典範という法律の改正で変更可能であるが、「世襲」原則は、継承者範囲を拡大することが可能ではあっても、継承範囲がなにがしか限定されざるをえないのが憲法二条の含意である。国民主権原理と天皇制度とが、究極のところで和解できない矛盾の原点は、ここにある。

なお、現憲法の初代天皇に就任したのが、旧憲法最後の天皇であった人物(裕仁)であったことは、旧憲法の改正手続によって現憲法が生まれたことの結果であるが、しかしそれは、現実には「主権者国民の総意」の発現とはいえなかった。天皇という「制度」を設置したのは憲法を制定したという「主権者国民の総意」とは言えても、その新制度の担当者を誰にするかについては、憲法制定時の「主権者国民の総意」は確かめられていなかったからである。

見てきたように、憲法原理上は明確に断絶されていながら、運用の現実や国民意識には多分に連続性がひそんでおり、のみならず憲法の個別規定にもその連続性を引き出す要素がひそんでいるのが、天皇条項である。しかし、日本国憲法が原理的に転換して天皇主権から国民主権に転換し、後者を「人類普遍の原理」と定位させたからには、この原理に極力沿うように天皇条項には向き合わなければならない。これは個人の好みの問題でもなければ、個人の政治的立場によるものでもなく、日本国憲法が法として発信している原則であって、個人の好むと好まざるにかかわらず、憲法上の態度決定を規律する原則の問題である。

3　憲法上の天皇制度に向き合う法的作法

天皇条項の解釈には、大別して、［A］これら諸規定を現憲法以前からの、とりわけ旧憲法で存在した天皇を、地位・権能につき現憲法適合的に補正した上で改めて宣言したにすぎないとする「宣言的規定」説と、［B］原理的転換をした以上、現憲法が創設して生誕したのが天皇制度と見る「創設的規定」説とがある、とされているが、上述の解釈原則からすれば、Bがひとまず妥当とされなければならない。以下に立ち寄る「象徴」規定解釈や天皇の「公的行為」論など、天皇解釈にまつわる個別の争点も、究極のところA・Bのいずれを採るかに行き着く。

その相違がいかなる実務上の相違に連動するかを見せつけたのが、一九八九年一月七日を前後して現出した裕仁天皇死去に伴ういわゆる「代替わり」事象であった。もとよりAとて断絶面は無視しないが、Aの見地は、憲法原理なり個別憲法規定なりに一義的に明確に背馳しない限りは、連続面に違憲の推定を働かせず、ひとまずは解釈の中に組み込む。これに対して、Bの見地は、断絶面を重視するがゆえに連続面と不断の緊張関係に立ち、憲法に明定すること以外にはひとまず違憲の推定をかける。「神道」という特定宗教による代替わり儀式が公的に挙行された際、これを政教分離原則違反（憲法二〇条・八九条）とすることは当然としても、憲法はもとより、皇室典範や皇室関係法にすら明定されていないこれらの儀式内容を、「伝統」なり「慣習」なりを引合いに出して違憲ではないとする実務に対して、ひとまずは合憲として個別的に違憲性を吟味するAと、ひとまずは違憲と推定して個別的に合憲性を吟味するBとでは、結論においても推論においても明確な差異があることは当然である。

憲法七条一〇号は、天皇が「国民のために」許容されて行う「国事行為」として「儀式を行ふ」ことを定め、皇室典範二四条・二五条は主語不明なままではあれ、「即位の礼」と「大喪の礼」を「行う」ことを、それぞれ定めているが、誰がいつどういう内容で行うかを定める規定は現行法令に一切なく、かつ、歴史的には、その種の旧施行法令（一九〇九年の登極令など）は、現憲法施行日までにすべて廃止された。したがってこうした「代替わり」儀式の法状況は、一九八九年段階でいわば「法の欠缺」のままとなっていたが、かつての関係法令が意識的に廃止されたことに鑑みれば、歴史的に否認対象が特定されて白地になったがゆえの「法の欠缺」であるといってよい。にもかかわらず、前天皇死去にともなう代替わり儀式は、政教分離原則に多少の「配慮」を払うだけで、廃止されたかつての法令内容や「伝統・慣習」なるものにほとんど依拠して敢行された。これらをA合憲・B違憲のいずれの推定から吟味するかは、政教分離問題に限られない憲法問題に適切に迫りうるかで、基本的な差異があったのである。

あれから約三〇年、この「法の欠缺」状態は何も改善されていないどころか、欠缺状態が埋められてさえいない。そうこうするうちに現天皇は高齢化し、次の代替わりがリアルに近づいてきている。明仁天皇の懸念とは別次元で、代替わりに対処する法的措置の乏しさはおびただしいままである。たとえば先の代替わり儀式で大きな憲法問題となったのは、れっきとした宗教儀式である大嘗祭をどう取り扱うかであったが、紆余曲折の後当時の海部内閣は、一連の代替わり儀式を国事行為とするなか、一九八九年一二月二一日の「閣議口頭了解」で、大嘗祭はこれを国事行為とはしなかったが[*12]、皇室が公費を投じて行う「公的行事」と決した。こうした憲法問題を孕むはずの代替わり儀式なのに、報道では早くも「次の大嘗祭」が当然のごとく報じられている[*13]。迫りくる次の「代替わり」を前に、Bの見地を急ぎ再構築しなければならない。

確かに天皇条項をBのごとく「創設的規定」と見ることは、連続性に覆われた「現実」を見ると荒唐無稽の非難を受けよう。しかしそうした「現実」があるからこそ、原理的転換を起点に、国民主権等の新原理から厳しく点検すること、そのためにいったんは「創設的規定」として歴史的「伝統」から離れて理論構成し、それを基準として実務・有権的解釈・国民意識などを測定することが、経るべき論理手続であろう。重要なことは、A・Bの対立を生むのは、単に憲法解釈の技術的相違によるのではなく、根底において、戦前の天皇制とその戦後への部分的継承に対する評価の相違がひそんでいることである。その意味では、本稿がよってたつBも、単なる文言解釈に終始するのではなく、歴史的緊張関係を射程に入れたものとして構成されなければならない。

以上を前提に、天皇条項の真意を、核心的部分に限って述べておく。

●二● 憲法が定めた天皇条項の真意

1 「天皇は象徴である」とは

日本国憲法第一条は天皇を「日本国及び日本国民統合の象徴」と定め、その地位を「主権の存する日本国民の総意に基く」ものとした。ところが、他方二条では、その天皇職を継承するにつき「世襲のもの」に限定した。ここで言う「日本国民統合（the unity of the people）」には、日本国民を天皇が他動詞的に「統合する（unite）」という能動的・積極的意味はなく、英文通り単に「人民の

*12 「口頭了解」の全文は次の通り。「大嘗祭は、前記のとおり、収穫儀礼に根ざしたものであり、伝統的皇位継承儀式という性格を持つものであるが、その中核は、天皇が皇祖及び天神地祇に対し、安寧と五穀豊穣などを感謝されるとともに、国家・国民のために安寧と五穀豊穣などを祈念される儀式であり、この趣旨・形式等からして、宗教上の儀式としての性格を有すると見られることは否定することができず、また、その態様においても、国がその内容に立ち入ることにはなじまない性格の儀式であるから、大嘗祭を国事行為として行うことは困難であると考える。」

*13 たとえばサンケイ新聞 2016 年 10 月 16 日は「平成 30 年 11 月に大嘗祭を挙行へ」との見出しで、1989 年代替わり時に実施された非宗教儀式と宗教儀式とを混然とした一連の流れとして示しつつ、それが「次回」も粛々と実施されるがごとき報道ぶりである。

統一」という状態を天皇が自動詞的に受動的に「統合された」状態を表しているにすぎない。また、その地位が主権者国民の「総意」に基づく以上、その「総意」の赴くところによっては、憲法を改正して世襲制を、たとえば公選制にしたり天皇制度自体を廃止したりすること、あるいはそうまでしなくとも、世襲天皇制度は存置しながら「適任者なし」で空席にすることも、この限りでは不可能ではない。

皇室典範という法律によれば、天皇職の担当者は予め法定されていて（皇室典範一条・二条）、かついわば瞬間自動継承方式（天皇が死去すれば皇嗣が――「すみやかに」ではなくましてや「遅滞なく」でもなく――「直ちに」就任する。皇室典範四条）をとるため、国民の「総意」の介在は、事実上ではなく法律上拒否されてしまっている。この現行法システムは、皇室典範という法律を改正して国民の「総意」で決定する方式に切り替えることはできるが、そうした議論は、一九八九年の際でさえほとんど起こってこなかった。

「象徴」とは、たとえば「鳩」が「平和」の、「黒色の服装」が「悲しみ」のシンボルであるとするように、ある観念（平和・悲しみ）をなにがしか形あるもの（鳩・黒色の服装）で表象できる場合、その被表象物のことを意味する。自宅に巣を作られて鳩の糞に悩む人には、たむろするハトはとても「平和」的存在ではないが、「鳩は平和の象徴」とは、そうした具体的存在物のことではなく、抽象化された「類としての鳩」である。だから自然界のハトは死ぬが象徴としての鳩は死なない。また、「黒い服装」の場合は、もっと抽象的な「黒」という色に「悲しみ」が託されている。町の象徴が花や樹木である場合もあろう。国の象徴は一般に旗と歌（国旗・国歌）とされていることが多い。要するに「象徴」とは、それに圧倒的多数の人々が一様に同質の観念を想起しうるもののことである。もとより「俺はこの色で悲しみを表すのだ」と金ピカのネクタイで葬儀に参加するのは、その人の自由ではある。あるいはハトを殺しても平和を侵害したことにはならない。

こうしてみると、あるものを「象徴」と定めることは、もっぱら人々の心情の世界の問題であり、かつ、みんながおしなべてそう思っているものが「象徴」となるのだから、二重の意味で法的には意味のない規定であることがわかる。第一に、「これを象徴と思え」と法的に命じても、人の内心に関することだから意味はない。第二に、「これは象徴だ」と普遍的に思われているがゆえにそれは象徴になりうるのだから、そんなことをわざわざ法的に定める必要はない。逆にそう思わない人が相当数確実に存在すれば、それはもはや象徴の資格に乏しいのだから、それを無理に「象徴だ」と定めるのは論理的におかしいことになる。この文脈から、日の丸・君が代を国旗・国歌と法定したこと（一九九九年国旗国歌法）、ましてや日の丸掲揚や君が代斉唱・演奏を強制し違反に制裁を課すことは、すでにして「国旗・国家」の前提を失っていることがわかる。

天皇が「象徴」だとする規定には、象徴一般に付随する以上のような非法的性格がつきまとうが、その限りであれば、そうした非法的性格文言には、憲法解釈はタッチしなければよい。もっとも「天皇は象徴である」という命題が、その「天皇」文言を、一個の生身の人間の総体として解してしまうと、一人格としての天皇職担当者が二四時間中「象徴」でなければならないとする理解を生み出す。だが、「天皇」とはあくまでも国家制度ないし国家機関の名称であって、別途定められた権能（国事行為）を行使する限りにおいて「日本国の象徴」にして「日本国民統合の象徴」と解した方が合理的である。なぜなら、天皇職担当者が病に倒れ、職務を離れて吐血・下血を繰り返す事態にあるのに、これをも「日本国」及び「日本国民統合」を「象徴」していると解すると、日本国も日本国民も、吐血・下血に「象徴」される状況に置かれたこととなるからである。八・八メッセージにはそうした事態への明仁天皇の苦悩がにじみ出ていたが、政府は、この点には意に介さなかった。

2　天皇が元首ではないことを厳守する

元首（head of state, chef d'Etat, Staatsoberhaupt）とは、国家有機体説を源泉とする「国の首部」のことであり、君主制における君主は一般に元首であった。しかし君主制衰退と国民代表制の進展に伴いその意味を変え、今日では「対外的に国家を代表する資格を有する最高国家機関」とされている。大日本帝国憲法四条は明文で天皇を「国ノ元首」と定めていたが、日本国憲法にはそうした規定はない（というより旧規定を意識的に排除した）。国家機関に憲法上規定のない地位を認めることはできない。

憲法制定過程を見ても、一九四六年二月三日のいわゆるマッカーサー三原則の第一原則は、天皇の地位につき〝The Emperor is at the head of the State〟としていたが、「元首 the head of the State」としたのではなく、位置を示すatを付しているので、「国家の首部にある」という意味であったし、総司令部が草案を作成する過程でこの表現は捨てられて「象徴」となって日本政府に手交されたという経緯があり、日本の国会で憲法草案を審議する過程で、天皇を元首とすると主張した一部議員の提案もあったが、否認されている。

こうした経過を踏まえ文言自体にも着目すれば、日本国憲法の定める天皇が元首でないことは明確である。だが、実務はさほど明確ではない。たとえば現憲法下で歴代政府は、天皇の国事行為として憲法七条五号が定める外交上の「全権委任状・信任状・外交文書の認証」を定めている規定をチャンネルにして、諸外国に対して発するこれらの文書をあたかも天皇自身が作成したかのごとき書式で発行しており、これとの対応で諸外国からの文書も天皇を名宛人にさせる「慣行」を続けてきた。これを根拠に「ごく一部の外交関係に関して国を代表しているという考え方に基づいて元首と言って差し支えない」とする政府解釈も出されている（一九八八年一〇月一一日・参議院内閣委員会・内閣法制局見解）。学説では元首説をとるものは少ないが、この含意でたとえば「準元首的性格」を認めるものもある（小林直樹『憲法講義（上）〔新版〕』（東京大学出版会、一九八〇年）一五五頁）。しかし、問題の「認証」とは、本来は単なる公証行為であって「外交関係」には含まれない。それをあたかも「外交関係の一部」であるかのごとき「慣行」にしてきたのは歴代政府であった。こうした「違憲の慣行」に憲法解釈をあわせる必要はない。

自民党の二〇〇五年「新憲法草案」は、天皇元首化の規定をおいてはいないが、二〇一二年四月二七日公表の「日本国憲法改正草案」は、冒頭第一条で現行の「象徴云々」の規定の前に「天皇は日本国の元首であり」との一文を加えている。天皇を元首とするプランは、自民党改憲策のいわば通奏低音であるが、与党時代はこれを控えていたことがあっても、野党に転じた際の「草案」には、はしなくも本音が噴出してきたのであろう。

なお、天皇制度の運用の実態は、単なる象徴でもなければ、元首をもはるかに凌駕する扱いに満ちている。民主政国家の元首が、たとえば病気になったり死去したり、ましてやその家族が結婚・出産したりする事柄が、分厚い敬語報道で包まれ、冷静な批判や論評の対象となりにくい「空気」を醸成して事実上のタブー化が進み、ひたすら称賛に覆われているなどというのは、民主政国家では極めて奇異というほかない。

3 天皇は憲法上の特殊職務を担当するある種の公務員である

憲法九九条は「天皇又は摂政」と「国務大臣、国会議員、裁判官その他の公務員」とを分けて憲法尊重擁護義務を課しており、この規定の限りでは「天皇又は摂政」は公務員ではないが、天皇は憲法所定の特殊な職務（国事行為）を担当するいわば公務担当者であることは間違いない。だとすれば、天皇はその天皇職を行う時だけ天皇であればよく、それ以外はただの市民と解することは、憲法上可能である。それは、たとえば内閣総理大臣が、憲法所定の職務を担当する特別職国家公務員であること、その所定公務を離れれば一市民としてふるまえることと同義である。もとより内閣総理大臣の場合は、公務員の一員としてその選定罷免が主権者の「固有の権利」にかかっている（憲法一五条一項）が、天皇の場合も憲法上「世襲」枠の制約を受けるとはいえ、この「固有の権利」にかからせることは不可能ではない。統治機構規定は厳格に解釈する必要があるが、国民の権利は拡大的に解釈することが近代憲法の鉄則であることを思い起こしておこう。その関わらせ方としては、現行皇室典範二八条以下に定める「皇室会議」を改組し、同三条等の議決権限を拡大する方法がありえよう。

4　女性皇族の置かれた地位の異様さ

憲法が定める天皇制度は天皇（及びその代理である摂政）だけであるから、皇族について憲法は本来関知しない。ただ他方で憲法は皇位の「世襲」継承を定め（第二条）、それを皇室典範のように自然血統主義に限定すると、世襲の皇位継承資格者を軸とする「皇族」問題が、憲法に隣接した法律問題として登場する。憲法八条は「皇室」の財産授受の制限について規定しており、「皇室」の構成員、すなわち皇族の存在を前提にしているかに見える。しかし憲法が「皇族」自体について沈黙していることは注視しておくべきであろう。

その皇族とて、単に天皇という、特殊ではあるが公務には違いない職務を担当する者に就任する有資格者とその家族のことだから、いまだ天皇ではない者は、国民一般と同等に扱えばよいはずである。それは、内閣総理大臣に就任する資格が、憲法上は国会議員であること（六七条）、したがって国会議員の資格（四四条）を有する者であればよく、したがって究極のところ国民であればよいことと同じである。ところが皇室典範という法律が自然血統主義で有資格者を限定しているため、継承者を産出する者の集団たる「皇族」が、何かと特殊な地位を与えられることになる。

この点に関わって、天皇の地位就任資格に関し現行皇室典範規定の最大の問題に、いわゆる「女性天皇の禁止」がある。皇室典範における「男の世界」ぶりは相当なもので、一条の「男系男子継承」では女性の血統を介在させない「男のみの系譜」を定め（女性天皇のみならず女系天皇も禁止する）、これを起点に、男子皇族には婚姻の自由がなく（一〇条）、皇族離脱についても男性は原則禁止（一一条）なのに、女性は皇族以外と婚姻すれば自動的に皇族を離脱する（一二条）といった具合である。

皇室典範上の「女性天皇の禁止」はこうした「男の世界」の一端にほかならない[*14]。これに長子継承原則（二条三項）を加えると、要するに戦前の家制度を極端に男性優位に構成したのが現行皇室制度というほかない。

そうであるがゆえに、とりわけ「女性天皇禁止」制度には批判が絶えない。これを合理的理由なき女性差別として憲法一四条違反とする見解もある。しかし差別というなら、天皇という特殊な公務担当者に就任する資格を、皇族という特定の身分に限定していることこそが差別であって、その差別構造の内部で「平等」をはかってみても、さほど意味のあることではないとはいえよう。もっとも、天皇制度の歴史的性格とそのイデオロギー機能に着目すると、女性天皇禁止を撤廃することはもとより、爾余の皇族内女性差別を撤廃することですら、天皇制度のイデオロギー的基盤を大きく揺るがしうることは看過すべきではない。なお、こうした「男の世界」は、皇室典範二条が周到に用意した系譜をもってしても、現にその継承資格末端部分で男性が枯渇してきているという「危機」にみまわれている。二〇〇六年九月に秋篠宮夫妻に長男・悠仁が誕生したが、この「危機」が続いていることに変わりはない[*15]。

***14**　ただし摂政の場合は女性皇族が就任する可能性がある。皇室典範 17 条 3 号～ 6 号。なお旧皇室典範では「皇族女子ノ摂政ニ任スルハ其ノ配偶アラサル者ニ限ル」（旧 23 条）とされ、女性皇族は結婚後、死別または離婚で夫を失うまで摂政就任資格を剥奪されていた。

***15**　男性皇族が長期にわたって誕生していなかったため、皇室典範上の皇位継承に支障を来たすおそれがあるとして、2004 年末に小泉純一郎内閣は、「皇室典範に関する有識者会議」という首相の私的諮問機関（座長・吉川弘之元東大総長・元学術会議会長、座長代理・園部逸夫元最高裁判事ほか 10 名）を設置し、17 回の会議を経て 2005 年 11 月 24 日、女性天皇・女系天皇をともに容認する（ただし長子優先とする）ことを軸にした報告書（http://www.kantei.go.jp/jp/singi/kousitu/houkoku/houkoku.html）を提出した。これを契機に各方面の議論が始まったが、ほどなく秋篠宮文仁・紀子夫妻に男子・悠仁が生まれたため立

ち消えとなった。小泉首相は2006年2月10日、紀子懐妊の報により与党内で慎重論が強まったことを受けて、皇室典範改正法案の提出を先送りする旨を表明し、悠仁誕生当日9月6日には2007年の法案の提出を行わない旨の発言を行った。なお、当時の内閣官房長官は安倍晋三である。2006年9月26日に小泉の後任首相となった安倍は、10月3日、参議院本会議において「慎重に冷静に、国民の賛同が得られるように議論を重ねる必要がある」と発言し、有識者会議が短期間で女性・女系天皇容認の報告書をまとめたことを批判した。翌2007年1月、安倍は「悠仁親王の誕生により（有識者会議の）報告書の前提条件が変わった」として、同報告書を白紙に戻す方針を示した。

*16　宮沢俊義・前掲書注*10、74頁。

*17　2016年9月のある講演会で講師だった樋口陽一は、この宮沢言説に言及しつつ、「宮澤があえてそ

5　「ロボット」としての国事行為

天皇は、「憲法の定める国事に関する行為のみ」を行う（四条）。それは六条の定める内閣総理大臣及び最高裁判所長官の「任命」という二つの行為、七条の定める一〇の行為、加えて四条二項の定める「国事行為を委任する行為」の計一三の行為を指す。かくして「国政に関する権能」はもたず、かつ、すべての国事行為は内閣の助言と承認を必要とし、責任は内閣が負う（四条一項・三条）。要するに天皇の権能は、もともと非政治的で形式的・儀礼的なものであり、そのような行為ですら、内閣が助言・承認し責任を負うことで非政治性、形式性・儀礼性を徹底させているのが特徴である。したがって天皇が内閣総理大臣を「任命」するといっても、それは予め「国会の指名」した者を任命する書類に署名・捺印するだけであり、それ以上・それ以外の意味はなく、天皇の意思が介在する余地はない。こうした国事行為につき、かつて宮沢俊義が「天皇を、…ただ内閣の指示にしたがって『めくら判』をおすだけのロボット的存在にすることを意味する」[*16]と（今では禁句の一語があるにしても）喝破したのは、今も注目に値する。[*17]

6　天皇の「公的」行為とは何か

天皇には、憲法所定の国事行為と、ひとりの人間として行う純粋に私的な行為（ハゼの分類学的研究をするとか散歩をするとか）との間に、天皇であるがゆえに行う「公的行為」が認められるという見解がある。政府の見解でもあり、これによって国事行為以外にさまざまな「公的」場面に天皇は「公人」として立ち現れる（植樹祭・国体・戦没者追悼式などへの出席や挨拶、外国訪問、国賓接待など）。明仁天皇自身がこの解釈を「公的」に述べたことすらあった（皇太子時代の、しかし天皇就任を強く意識した一九八七年九月二八日・米国特派員団への文書会見）。その延長に八・八

の言葉を使った背景には戦後の象徴天皇制に関する『健康な構図』のイメージがあった」と述べつつ、しかし「いまだに日本国民は、宮澤先生の言った正しい意味での『ロボットへの入力』をすることができないでいる」と述べた、と報じられている（2016年11月2日朝日新聞夕刊）。

メッセージの「象徴としての行為」がある。

確かに、たとえば内閣総理大臣が「公人」として公的行事にでかけ挨拶することはある。それは内閣総理大臣の職務・権能（憲法七二条等）に随伴し、それに矛盾しない限り問題はない。しかし天皇の職務は、「この憲法の定める国事に関する行為のみ」と憲法上限定されている。この「のみ」文言の重みは看過すべきではない。統治作用において、しかもそれが形式的・儀礼的であるにもかかわらず「のみ」と命じたのは、ひとまず「それ以外はしてはならない」ことを含意しているとみるべきである。つまり、「それ以外のこと」には違憲の推定が働く。ついでながら、憲法はもとより、皇室典範においてさえ、天皇・摂政以外の皇族には、何の「公務」も予定していない。皇族の「ご公務」報道の氾濫は、何の法的根拠もないものである。

学説ではたとえば、天皇の地位が象徴であることを根拠に「象徴としての行為」を容認する見解がある（清宮四郎）。だが、「天皇は…象徴である」との憲法一条の規定は、必ずしも「天皇の地位は象徴である」ことと同義語ではない（一条後段が「その地位は」と言うのは「天皇の地位は」の意味である）。また仮にそうだとしても、地位を定める組織法上の規定から、その権能を定める作用法上の意味を直ちに引き出すことはできない。憲法はむしろ天皇の権能を明示的に限定していると見るべきである。加えて「象徴」文言には、すでに述べたように法的性格がもともと乏しい。

そこで、直截に「公人たる天皇の社交的儀礼的行為」を承認する学説（たとえば佐藤幸治）があり、これは支持者が少なくない。しかしこれもすでに述べたように、天皇の公的場面は憲法所定の「国事行為のみ」であり、そこには儀礼的行為が含まれるから、それを超えたところで求められる「公的」職務は、よほどの必要性と必然性が合憲的に示されない限り認められない。たとえば植樹祭等々にこうした必要性と必然性は全くない。「公人の行為」一般ではなく「準国事行為」に限定して国事行為以外を承認する学説がある（清水睦）のは、この点を意識してのことだが、何が「準」かの基準は曖昧である。

もとより「公的行為」を認める学説の多くは、天皇の権能の拡大を意図してのものではない。天皇制の特殊な歴史性から、放置すれば野放図に「公的」領域の増殖をはかる蓋然性が強い天皇制度を、極力公的場面につなぎとめ、内閣の助言・承認のチャンネルで憲法的規制をかけることが意図されている。だが、歴代内閣には（いわゆる政権交代の時もなお）そうした規制をかける気配すらなかった。「公的行為は国事行為でないので助言・承認の必要はない」とするのが、従来の政府の態度であり（一九七五年政府答弁）変更されていない。こうしてみると結局これらの学説は、「公的行為」の合憲性を支えるに終始したにすぎないと言えなくもない。

なお、私的行為とこうした「公的」行為との相違を示すさしあたりの標識は、その費用が、皇室経済法の定める「内廷費」か「宮廷費」かにある。内廷費とは天皇等のいわば歳費（ただし所得税はかからない）であり生活費であるから、私的行為ならこれでまかなえばよい（その金額の妥当性は別途問題になるが）。これに対し宮廷費とは天皇の「公務」の費用である。上記の植樹祭などへの出席費用は一貫してこの宮廷費でまかなわれてきた。ところが実のところ、たとえば徳仁皇太子のヴィオラレッスン料は「宮廷費」から支払われ、その妹の日本舞踊レッスン料は「内廷費」で支払われてきた。天皇に就任する予定者は、その人格を磨くのも「公務」というわけであるが、ことほどさように、天皇制度の運用は、学界も政界もそれを詳細な吟味の対象にしてこなかったところがある。

こうした「公私混同」の巨大な現出が、宗教性をまとった代替わり儀式への公費支出であり、とりわけ天皇家の私的宗教儀式であるはずの大嘗祭（一九九〇年一一月二二日〜二三日）に一八億円もの「宮廷費」が投入された事例であったろう。こうした事態はだから、これまで厳格な吟味を怠ってきたツケがまわってきたとも言える。

●終わりに● 天皇退位問題に向き合う

以上のように日本国憲法の核心・真意に立つなら、このたびの、八・八メッセージから始まる一連の事態にどう向き合うかは、おのずと明らかであろう。

①まず契機となった八・八メッセージは、縷々述べてきた憲法の核心・真意からみるとどういうものなのかを明確にしておく必要がある。天皇が天皇職として公的に行えることは、憲法自身が列記した一三の国事行為「のみ」しか認めておらず、それらは専ら形式的・儀礼的行為であるから、今回のようなメッセージが含まれることはありえない。だからといって天皇個人が独り言としてツイートしただけの「私的行為」でもない。公共放送を介して国民にダイレクトに届けたメッセージである。すでに見たように、政府はこれまで、「国事行為」と「私的行為」との間に「公的行為」なるものを認め、それを「内閣の助言と承認」の対象にはしてこなかった。こうしてこの範囲不明確で憲法的規律を受けない「公的行為」は、かなり野放図に拡大して実施されてきている。その行為内容や発言が、メディアの主流によって好意的に報じられてきたこともあって、多くは好意的に受け取られてきた場合が多かったからといって、「公的行為」の憲法的疑念は晴れない。ましてやその行為・発言に疑念があっても公的に議論対象にはならないことも問題だろう。以上は八・八メッセージが抱える手続きの問題である。

②現天皇は、八・八メッセージでも「象徴としての行為」に重点を置いていたし、現にその種の行為を拡大してきたが、内閣の助言と承認というルートさえ経なかっただけに、その種の行為が日本国憲法の趣旨に照らしてどうかという判定は、もっぱら行為者である天皇自身（実際はしばしば宮内庁などの皇室事務方）の判断によっていた。こうした「象徴としての行為」として明仁天皇が

特徴的に取り組んできた領域には、いわゆる「戦地への慰霊」と「被災地への慰問」があげられている。「戦地への慰霊」ではもっぱら日本人被害者に慰霊対象を限定している感があるが、それ自体としては批判は少ない。しかし、憲法的見地からすれば、先の戦争に対する憲法的決意があって、それは憲法前文の冒頭が強調するように、「政府の行為によって再び戦争の惨禍が起ることのないやうにすることを決意」した主権者国民の責務なのである。そうした憲法的な国民的責務を民主的な政治を通して実現するべきことを、「国政に関する権能を有しない」、したがって政治的責任を負えない天皇が代行している、あるいは代行させられている面がありはしないか。こうした天皇の態度表明により、戦争責任を曖昧にしてきた歴代政府が免責され、国民的責任はあいまいにされてきた。

③何度も立ち返ったように、日本国憲法の核心に立つ限り、天皇が憲法上できることは形式的儀礼的な「国事行為のみ」であって、「国政に関する権能を有しない」(憲法四条)、つまり国政行為は禁じられている。皇位継承ルールを改めるというテーマは、第一級の「国政問題」である。それが天皇のメッセージを契機に動き出したという事態を、主権者国民は、そして国権の最高機関＝国会は、深刻かつ真剣に受け止めなければならないだろう。そうなってない現状は、日本の国民主権・民主主義自体がなお未完成であることを示していると見なければならない。もしも天皇が死去前に「退位」することが必要なのであれば、それはまずもって、国民の声を反映している(はずの)国民代表機関たる国会が、主権者との絶えざる対話を重ねつつ、主導的に議論すべきことがらである。内閣は議院内閣制である以上、そうした国会の動きを補助する役割にとどまる。

④八・八メッセージがもたらす看過できない動きとして、メッセージが冒頭で「戦後七〇年という大きな節目を過ぎ、二年後には平成三〇年」と切り出したことが、二〇一八年退位の予測を生んでおり、二〇一九年冒頭に天皇代替わり・改元そして大嘗祭実施が取りざたされている、ということがある。他方で二〇一八年は「明治維新」一五〇年にあたるというので、これを盛大化する流れ

もある。第一次安倍内閣時代の二〇〇七年には、四月二九日を「昭和の日」としたが、その「昭和の日」制定を求めた「運動」が、次いで「明治の日」制定の運動を始め、二〇一八年制定を求めてもいる。「戦後七〇年」から「憲法七〇年」へといういわば憲法親和的流れを、ここで転轍する底意が見え隠れしないか。そこまで読み込んだメッセージだったとすれば、警戒は解けない。

以上のように考察しながら八・八メッセージを改めて読み返すと、天皇が、憲法には定めはないが、それ自体としては内容上ただちに非難されることではない内容の「象徴としての公的行為」に勤しみ、それが「高齢による体力の低下を覚えるようになった頃から、これから先、従来のように重い務めを果たすことが困難になった」から、と退位をにじませている文面は、憲法から言えば「そんな公的行為はもともと憲法が認めていないのだから、憲法通りやめればいいのであって、いわゆる『公的行為』の多さを理由に退位することはない」と応答するのが筋である。憲法が求める天皇の職務は、限られた一三の「国事行為のみ」であり、その内容は誰がやっても同じ「ロボット」職務なので、天皇職にある人物が軽作業で行えば済むし、そうすれば、広大な皇居等を維持し、皇室を構えて皇族を配置し、それらを維持するために、膨大な（二〇一六年度予算でも約二四五億円も予算計上している）皇室関係費を費やす必要もない。

天皇問題に対するこうした構えは、途方もない現状無視の論と言われるかもしれない。しかし、憲法の原点的核心・真意を常に発信することが、事態を憲法に離反していくのを糺し正していく力になるだろう。もっとも論争的な憲法第九条に関わる憲法離反の現状に対し、九条の原点的核心にして真意である「一切の戦力の不保持と交戦権の否認、それによる一切の戦争の放棄のみならず一切の武力による威嚇又は武力の行使の放棄」を、そこからはるかに遠のいた現状を前にしても、あくことなく発信し続けることと同じ構えなのである。

「あなたの１票が0.6票かもしれないことをご存じですか？」１人１票実現国民会議より

主権者が主権者として権利を行使するとき

伊藤　真
法学館憲法研究所所長
弁　護　士

●序● 国民が果たすべき役割

憲法施行七〇年を迎える二〇一七年は、ここ数年来の政治の動きに照らせば、日本国憲法の将来を左右する年になるだろう。その将来を左右するのは、国民主権の下では、官僚でも安倍首相でも国会議員でもない。ほかならぬ、国民自身である。主権者として、選挙権を行使し、憲法改正の国民投票や最高裁判所裁判官の国民審査の際に投票行動でその意思を示すことはもちろん、マスメディアやSNSを通じ、またデモ行進に参加するなどして、政治的意思を表明することがその帰趨を決めることになる。

ところが、現状では、そのような国民の政治的意思が、政治に適切に反映されているようには思われない。その最大の理由は、意思表明の最も重要な方法である選挙権においていわゆる「一票の格差」から一人一票が実現しておらず、民意が政治に正しく反映できない状況にある点にある。

そこで本稿では、一人一票裁判に直接関わってきた経験をふまえながら、投票価値の平等をめぐる問題に触れ、その問題を含めて憲法を活かすために主権者がどう行動すべきかという点について私の考えを述べたい。

*1　計算方法につき升永英俊／久保利英明／伊藤真／田上順著『“清き 0.6 票”は許せない！』（現代人文社、2010 年）61 頁。

●一●　日本は民主主義の国ではない

すべての国家権力の正統性の源泉は主権者国民にある。その国民から正当に選挙された代表者によって国会が構成され、そこで日本の国の基本方針が決定される。国会では、多数決によりその意思が決定されることは憲法に定められている。法律の制定（憲法四一条、五六条、五九条）、予算の承認（同七三条五号、六〇条、五六条）、内閣総理大臣の指名（同六七条、五六条）などにそれが示されている。国会―内閣に反映された多数意思は、国政全般に及ぼされる。すなわち、内閣は最高裁判所裁判官を選び、下級裁判所の裁判官は、最高裁判所によって選ばれる。こうして、主権者たる国民の多数意思によって国会、内閣、裁判所に権力の正統性が付与されることになる。つまり、主権者による多数決こそが国政の正統性を決定しているのである。

ところが、日本の選挙の現状は、この主権者による多数決原理が機能していない。たとえば、二〇一〇年七月の参院選では、選挙区選出一四四人の国会議員の過半数にあたる七四人を、有権者の過半数に満たない三五％で選出している。比例区選出の国会議員を合わせれば、参議院全体としてはこの割合が若干緩和されるが、それでも四〇％程度である。二〇〇九年八月に行われた衆院選でも、小選挙区選出議員（当時三〇〇）の過半数にあたる一五一を有権者の四二％で選出している[*1]。二〇一四年一二月の衆院選では、小選挙区での自民党の得票率は四八％だったのに、議席占有率は七六％に達した。要するに、民主政治の意思決定は多数決を基本とすべきなのに、国会議員の過半数は、有権者の「少数派」によって選ばれる現象が起きているのである。

なぜこういう事態が起きるかといえば、選挙区ごとに一票の較差があるからである。国会の多数が国民の多数から選ばれているとはいえない。言い換えれば、国会は、主権者から正統性を与えられていないのに、国政を動かしているのが日本の現状である。国会議員がこの国の主権者であるのであれば、これでもよいであろう。しかし、憲法は国民を主権者としている（前文、一条）。このような状態は許されるものではない。こうした結果は一人一票が確立していないことに由来する。これを端的に言い換えれば、日本は民主主義の国ではなく「少数決」の国である。

●二● 一人一票の基礎

1 従来までの考え方

この一票の較差ないし一人一票の不平等問題について、どのような議論がなされてきたか。

裁判所や憲法学界では、それを、憲法一四条一項（四四条）の平等論で議論してきた。相対的平等、つまりそれぞれの個人の違いに応じて別異の扱い、いわゆる合理的な区別を許すという平等観を前提に、選挙区間における「格差」が何倍を超えれば許されないかという枠組みで議論されてきたのである。最初にこの問題を憲法違反と判断した最高裁の衆議院議員定数不均衡判決[*2]は、投票価値が最大と最小の選挙区で四・九九対一の較差があることを法の下の平等（一四条一項、四四条）に違反すると判断した。それ以来、「許される格差はどこまでか」という判断枠組みが確立され、それを受けて学界では、最大二倍を超えれば不平等だとする考え方が有力になった。

しかし、問題を法の下の平等の観点から捉えるにしても、「格差」の基準を二倍とするにしても、先に指摘した「少数決」という現実を変える力をもたなかった。法曹養成教育、とりわけ憲法教育に二〇年以上もかかわってきた立場で大いに反省しながら考えた私なりの結論は、この問題を「許される格差はどこまでか」という捉え方ではなく、次のような統治システム論と人格価値の平等論から捉えることだった。

*2 最高裁判所大法廷判決 1976（昭和 51）年 4 月 14 日民集第 30 巻 3 号 223 頁。

2　統治システム論

一票の較差の問題は、第一に、この国のガバナンス、すなわち統治システム論の問題である。

わが国の統治制度は代議制民主主義を基本としているところ、同じ選挙制度の下で選出された国会議員であれば、その一人の議員の背後に同数の主権者が控えていて初めてその議員の国会における審議と議決は正統性を持つ。そして国会議員による多数決は常にその背後の国民の数においても多数決となるような制度であることが求められる。そうでなければ、選挙によって国会に示された国民の意思は、現実の国民の多数意思ではなく、その結果、多数決による国政運営、すなわち民主主義が実現していないことになるからである。人口比例主義、すなわち、常にその背後の国民の数においても多数決になることを求めるという主張は、代議制民主主義を制度として機能させるための不可欠の要素なのである。

人口比例主義に対しては、人の移動が避けられない以上、現実性がないという批判があり得る。しかし、民主主義の先進国であるアメリカではこの点を厳しく判断している。たとえば、一九八三年アメリカ連邦最高裁で争われた事件[*3]では、ニュージャージー州におけるアメリカ連邦下院議員選挙において、ニュージャージー州内の各連邦下院議員選挙区間で起きた、最大一票対〇・九九三票の較差ですら、違憲・無効としている。ニュージャージー州第四区の人口が五二万七四七二人であるのに対して、第六区の人口は五二万三七九八人、人口差は三六七四人にすぎなかった。これは今でもアメリカで有効な判決である。

日本でも、特に半数改選制の参院選では、人口比例主義の実現は困難とされてきた。しかし、私たち一人一票実現国民会議では、町丁の境界を考慮した参議院議員選挙仮想選挙区割というシミュレーションをホームページで公開している。[*4] これは、参議院議員選挙（選挙区制）の区割として、

*3　Karcher v. Daggett
*4　http://www.ippyo.org/pdf/kaso/sangiin_kaso.pdf

実現可能な一案を示すものであり、都道府県ではなく、参議院選挙制度改革案（二〇一〇年八月四日付東京新聞掲載）が用いている全国一〇ブロックの地域区分を基礎とし、これを修正する形で区割案を提示するものである。これによれば、最大一票対〇・九九九九一票まで較差を縮小することができる。[*5]

3　地方切り捨て？

このように都道府県を選挙区の基礎にしないことには批判もある。「一人一票は地方切り捨てではないか」という批判である。一人一票を徹底し、都市部から多くの議員を選出すれば、発展が遅れがちな過疎化する地方を無視した政治になるというのである。

しかしこのような考え方に対して、私は次の四つの理由から反対している。

第一に、人口比例に反する選挙の結果、投票価値の不平等で不利益を受けているのは、単に都市部の人間だけではない。二〇一六年七月一〇日実施の参院選においては、福井県の有権者の一票を基準にすると、最も不利益を受けているのは埼玉県の〇・三二五八票（三・〇六九倍）であるが、新潟県〇・三三四六票（二・九八八倍）、宮城県〇・三三七八票、東京都〇・三五三二票、長野県〇・三七〇九票、そして福島県民〇・四〇〇八票であった。すなわち、東京都の有権者よりも新潟県、宮城県の有権者の方が不利益を受けていたのである。さらに、東京都といっても小笠原村（人口約三〇〇〇人）、檜原村（約二〇〇〇人）という過疎地域が存在する。小笠原村の母島は人口約四五〇人でしかない。こうした過疎地域に住む少数者の意見は、東京都民だからという理由で反映しなくてよいのか。較差を都道府県単位で解決しようとするのは的外れというほかない。

第二に、都市の住民よりも山間部などの地域的少数者の意見を尊重すべきであるから、各々の投票価値も違ってよいと主張されることがある。しかし、意見を尊重するべき少数者は、何も地域的

*5 「較差」は、比べた違いを事実として表現するときに用いる。公選法上の法律用語でもあり、最近の最高裁も判決文でこの語を用いる。「格差」は、違いがあることを前提に、それをできるだけなくすよう問題提起する意味で用いられることが多い（例：経済格差、情報格差）。人口比例主義の立場では、違いがあること自体を憲法違反と考えるので「格差」は用いない。

少数者だけではない。性的少数者、貧困にあえぐ少数者、障がい者も健常者に比べて少数者といえよう。都市部においても、人口過密地域だからこそ生じる待機児童問題などで苦しむワーキングマザーなども存在する。こうした多様な少数者を無視して、なぜ地域的少数者の意見のみを尊重しようとするのか。地域的少数者を優遇して二倍の投票価値を与えるのなら、性的少数者にも二倍、三倍の投票価値を与えるべきであろう。しかし、4で述べるように、個人の人格価値は平等なのだから、選挙の場で、誰をどれほど優遇するかという基準など設定しようがない。だからこそ、人口比例という基準しか見いだせないのである。これが民主主義の基礎であり、憲法一三条の個人の尊重の要請である。

第三に、憲法は国会を「都道府県の代表」機関ではなく「全国民の代表」機関としていることである（憲法四三条一項）。国政では、地方の事情をふまえた課題よりはむしろ、国防、外交、経済政策など、国家レベルの課題を中心に議論がなされる。もし都道府県代表的選挙制度を維持するならば、国家的課題にもかかわらず人口の少ない県の有権者の意見を多く反映させることになってしまうだろう。それでは、都市の有権者に政治的な不平等を押しつけることになる。自民党の改憲案[*6]四七条によれば、この問題を憲法改正によって乗り切ろうとするようである。しかし、このような「代表制」に関する根本的改変は、地方自治制度、二院制の意義、衆議院の優越などの在り方、一言でいえば、憲法全体の議会制民主主義の建付けに大きな影響を与える問題であり、そう簡単な話ではない。

第四に、民主主義国家において政治的意思を決定するための手続きは、あくまでも中立でなければならない。少数意見は審議討論の過程において十分、尊重されるべきものであるが、特定の少数意見を尊重するために選挙制度という手続き自体を当該特定の少数者に有利になるようにゆがめるということは民主主義においてあってはならないのである。

*6 「日本国憲法改正草案」自由民主党 2012（平成 24）年 4 月 27 日（決定）。

4 人格価値の平等論

一票の較差の問題は第二に、憲法一三条に規定する個人の尊重、人間の尊厳の問題として捉えられるべきである。人間はそれぞれが個性的な存在であるという意味では、誰もが違う。しかし、人間としての人格価値、すなわちこの世に存在すること自体の価値は絶対的に平等なのであって、そこに差を設けることは許されない。そして人類の民主主義の歴史は、人種、性別、学歴、納税額などで選別した特定の者の意見のみを政治に反映すればよいという制限選挙の時代から、誰もが一定年齢に達したら選挙権を持つ、普通選挙へと進化していった。これは選挙権が個人の人格価値の平等に基づくものであることを意味している。

一人一票とは、その一人の個人が国家に対してどれほどの発言力があるのか、どれほどの政治的影響力があるのかを決めるものにほかならない。これが住所によって差別され、発言力一の者もいれば〇・四八の者もいるというのでは国家から半人前以下の扱いしか受けない者がいることになる。これはまさに、人格価値への差別であり、憲法一三条が保障する個人の尊重、個人の人格価値そのものへの差別なのである。

このように一人一票を保障して多数決原理を徹底する、という主張に対しては、多数決ばかり強調するのはいかがなものか、少数意見の尊重という民主主義の倫理はどうなるのか、という批判もある。

しかし、少数意見の尊重は、多数決が機能していることが前提になる。少数意見への配慮は議論の過程で十分に行うべきであるが、最後は徹頭徹尾、多数決で決めるのが民主主義である。そうした決定がのちに誤りとわかったときに、次は少数意見が多数意見となるダイナミックなプロセスが民主主義なのである。

このように考えてくると、一人一票の問題について、「どこまでの格差なら許されるか」というアプローチ自体がおかしいことがわかる。人格価値を半人前、さらには三分の一人前まで合憲とするような発想は、およそ憲法が認めるところではない。一人一票の問題を法の下の平等論で捉えるのはもう止めるべきである。

●三● 裁判における実践とその成果

このような考えのもとに、投票価値の較差をめぐる一連の選挙無効請求訴訟を起こしたのは、二〇〇九(平成二一)年にさかのぼる。民主国家における投票価値の較差に問題意識をもつ升永英俊弁護士が、久保利英明弁護士、伊藤真とともに、その問題を是正する社会運動を展開する組織である「一人一票実現国民会議」を立ち上げた。会議が行う社会運動とは別に、一人一票を実現するための中間目標として違憲無効判決を得ることを掲げ、最終的には一人一票実現訴訟を全国一四カ所の高等裁判所及びその支部で行っている。選挙無効訴訟は高等裁判所が第一審となる訴訟形態である。

1 二〇一一(平成二三)年大法廷判決

(A) 概要 二〇〇九(平成二一)年八月に行われた衆院選(小選挙区選出議員選挙)は、各選挙区において最大で二・三〇四倍の投票価値の較差が生じていた。これが違憲であるとして、私たちは、合わせて九件の選挙無効確認請求訴訟を各高裁に提起した。高裁判決の結果は、違憲・違法判決が四件、違憲状態判決が三件、合憲判決が二件であった。それまでの最高裁判所が、一九九三(平成五)年一月二〇日の違憲状態判決を最後に、たてつづけに四件の合憲判決を下していたことに照らせば、上々の立ち上がりだった。

上告を受けた最高裁大法廷は二〇一一（平成二三）年三月二三日、さきの衆院選を違憲状態と判断した。[*7] すなわち、本衆院選は、憲法の投票価値の平等の要求に反して違憲状態にあるとしつつ（論点①）、憲法上要求される合理的期間内に是正がなされなかったものということはできない（論点②）として、区割規定等が憲法一四条一項等に違反するものではないとした。

(B) コメント　判決で注目すべきは、一人別枠方式に合理性がないことが、裁判官の全員一致で示されたことである。一人別枠方式とは、各都道府県に、その人口数にかかわらず、まず一議席を配分する選挙区の方式である。この仕組みは、地方の有権者の投票価値を偏重する最大の要因であり、その選挙区の議員が当選を重ねて政治に強い発言力を持つようになっていったことは、日本の政治を歪める要因になったといわれる。それを、投票価値の平等と相容れないとして、違憲状態にあると判断した本判決の意味は大きい（論点①）。そして、何よりもこの判決において、「地域性に係る問題のために、殊更にある地域（都道府県）の選挙人と他の地域（都道府県）の選挙人との間に投票価値の不平等を生じさせるだけの合理性があるとはいい難い。」として、明確に地域代表の発想が否定されたのである。

2　二〇一二（平成二四）年大法廷判決

(A) 概要　二〇一〇（平成二二）年七月に行われた参院選（選挙区選挙）は、各選挙区において最大で五・〇〇倍の投票価値の較差が生じていた。その違憲性について、私たちは一五件の選挙無効確認訴訟を全国各高裁およびその支部に提起した。

参院選に関するそれまでの最高裁は、六・五九倍の不平等が争われた一九九六（平成八）年九月一一日判決で違憲状態判決を示したのみで、他の参院選についてはすべて合憲と判断していた。特

*7　最高裁判所大法廷判決 2011（平成 23）年 3 月 23 日民集第 65 巻 2 号 755 頁。

に、一九八三〈昭和五八〉年判決は、投票価値の平等が衆院選ほど厳格でなくてもよいとする「参議院の独自性論」を打ちだし、参院選の較差を助長させてきた。高裁判決は、違憲・違法判決が三件、違憲状態判決が一二件であり、合憲判決は一つもなかった。このことは、参院選の違憲判決が一件しか示さなかったそれまでの最高裁の態度に照らせば衝撃的だった。

最高裁大法廷は、二〇一二〈平成二四〉年一〇月一七日、裁判官全員の一致で、違憲の問題が生ずる程度の著しい不平等状態に至っていたと判断しつつ〈論点①〉、投票価値の較差縮小と制度の仕組み自体の見直しを求めていた二〇〇九〈平成二一〉年大法廷判決から約九カ月後の選挙であり、その作業には相応の時間を要することから、それはいまだ国会の裁量権の限界を超えるものではないとして、定数配分規定は憲法に違反しないとした〈論点②〉。

(B) コメント　論点①の理由として、適切に民意を国政に反映すべき点では参議院が衆議院と異ならないことを挙げ、参議院にも投票価値の平等を厳密に求めた。すなわち、従来までの「参議院の独自性論」は実質的に否定された点が重要である。

そのうえで、都道府県単位の選挙区が憲法上の要請ではないこと、それがむしろ投票価値の平等を実現するボトルネックとなっていることを指摘し、「四増四減」のような定数調整では事態が根本的に解決せず、都道府県単位の選挙区を含めた現行選挙制度自体を見直す立法的措置を講ずべきだとした。すなわち、一人別枠方式の廃止を求めた二〇一一〈平成二三〉年判決と同様に、従来のような国会の立法裁量を広く認める態度を改め、立法的措置の方向性まで踏み込んでいった。司法本来の役割を果たそうとする最高裁の強い意思の現れといえる。

この判決には、七人の裁判官による個別意見が付された。

特筆すべきは、田原裁判官反対意見が、人口比例の実現を重視すべきことを指摘したことである。そこでは、投票価値の平等が唯一、絶対の基準ではないとしつつも、選挙制度や地勢上の関係等に関連する技術上の理由から一定の譲歩を迫られるものの、他の政策的目的ないし理由からそれを緩和すべきではないとし、多数意見とは一線を画した。一対一とは明言しないものの、私たちが主張する「統治システム論」に近い立場である。

3 二〇一三（平成二五）年大法廷判決

(A) 概要　一人別枠方式の廃止を求めた二〇一一（平成二三）年判決後も、国会は約一年九カ月にわたって選挙制度の抜本的見直しを行わず、投票価値の較差は最大で二・四三倍に達するなかで、二〇一二（平成二四）年一二月一六日、衆院選が行われた。これを受け、私たちは、一七件の選挙無効確認請求訴訟を起こした。高裁判決は、一三件が違憲・違法判決、二件が違憲状態判決、注目すべきは二件が違憲・無効判決であった。合憲判決は〇件である。

最高裁大法廷は二〇一三（平成二五）年一一月二〇日、違憲状態判決を示した[*8]。判決は、基本的には二〇一一（平成二三）年判決と同じ判断枠組みを示しながら、本件選挙時には憲法の投票価値の平等の要求に反する状態にあったと判断しつつ（論点①）、二〇一一年判決以降、国会が、選挙制度改革に併せて定数削減を議論していた事情などを考慮し、憲法上要求される合理的期間内における是正がされなかったとはいえず、本件区割規定は憲法一四条一項等に違反しない（論点②）とした。

(B) コメント　私たちは、高裁判決の流れに照らして二〇一一（平成二三）年判決よりも踏み込んだ判断を期待していた。しかし、判決の内容は前回と同内容であり、私たちから見れば期待外れのものであった。前回から一年九カ月の時間があれば、一人別枠方式を廃止して新しい選挙区割りを作成することはできたはずである。できなかったのは国会がこの間、司法の求めとは無関係の定数削減論で紛糾したことに原因がある。法律上の政策論である定数削減は、憲法論である一票の

*8　最高裁判所大法廷2013（平成25）年11月20日民集第67巻8号1503頁。

価値の是正を遅らせる理由にはならない。裁判所が国会にもう一歩踏み込んだメッセージを送るべきだった。

この判決には、四人の裁判官による個別意見が付された。

鬼丸裁判官補足意見は、「憲法は、できる限り一対一に近い平等を基本的に保障している」とした。個別意見を含めて「一対一」と明言する裁判官は初めてだった。この立場は、「統治システム論」から可能な限り一人一票原則を厳格に貫く私たちの主張とほぼ同じといってよい。それが、最高裁判所の意見として示されたことの意義は大きい。

さらに、事情判決を主張する三裁判官のうち、特に大橋裁判官反対意見の概要は、事情判決の法理の適用領域を吟味・限定する意見を付した。その背後には、次の二つの事情があるように思われる。

第一は、最高裁内で選挙無効判決を下すことが現実的な検討段階に入ったことである。この裁判で合憲の意見を示した裁判官はおらず、対立したのは「合理的期間が経過」したかどうかであった。経過したとする裁判官が多数を占めれば、残る問題は選挙が無効か有効（事情判決）かだけになる。そこでこの点を最高裁内で深めておく必要があったものと推測できる。

第二は、安易に事情判決の法理を濫用すれば司法がその役割を放棄することになりかねないことへの自覚である。

もともと、事情判決（行政事件訴訟法三一条一項）は、たとえば、収用した土地にダムが完成した後で、収用が個人の利益を違法に侵害して行われたことがわかったとしても、違法を宣言するにとどめ、収用は無効としない判決である。いいかえれば、個人の利益を犠牲にして既成事実を尊重する仕組みといえる。それだけに安易に用いれば、権利救済という司法の役割を放棄することになりかねないのである。

4　二〇一四（平成二六）年大法廷判決

(A)　概要　二〇一三（平成二五）年七月に行われた参院選（選挙区選挙）は、最大で四・七七倍の投票価値の較差が生じており、これについても選挙無効確認訴訟を起こした。高裁では、二件の違憲・違法判決、一二件の違憲状態判決、さらに違憲・無効判決も一件示された。

最高裁大法廷は、二〇一四（平成二六）年一一月二六日、違憲状態判決を示した。[*9] 判決の基本的な考え方は、前回の二〇一二（平成二四）年判決と同様に、著しい不平等状態に至っていたが、制度見直しには相応の時間を要するのでいまだ国会の裁量権の限界を超えるものではないとした。

(B)　コメント　本判決には、櫻井裁判官ほか五名と千葉裁判官の各補足意見のほか、四つの反対意見が付された。

特徴的なものとして、人口比例を徹底する意見が、鬼丸・山本各裁判官反対意見に示された。特に山本裁判官は、「どの選挙区においても投票の価値を比較すれば一・〇となるのが原則」であり、許容されるのは、人口の急激な移動や技術的理由などの区割りの都合を原因としたせいぜい二割程度の較差だと数値を以て示した。

さらに山本裁判官は、無効判決を下すべきとした。具体的には、全選挙区の平均（一・〇）に照らして二割低い〇・八の投票価値しかない選挙区から選出された議員は身分を失うとする。

無効判決という手法に対しては、司法として踏み込みすぎという指摘もある。しかし、私たちがかかわった訴訟以前にも、そう判断した例は複数ある。[*10] 最高裁の裁判官が無効判決を書くことは決して異例のことではなく、私たちはこれを実現可能な判決の一つとして受けとめなければならない。

*9　最高裁判所大法廷判決2014（平成26）年11月26日民集第68巻9号1363頁。

*10　たとえば、1976（昭和51）年4月14日大法廷判決では、岡原・下田・江里口・大塚・吉田各裁判官の反対意見、岸盛一裁判官の反対意見として、また1985（昭和60）年7月17日大法廷判決では、谷口裁判官が反対意見として、各々、訴訟の対象となった選挙区について無効と判断すべきだとしている。

*11　最高裁判所大法廷判決 2015（平成 27）年 11 月 25 日 最高裁判所裁判集民事第 251 号 55 頁。

5　二〇一五（平成二七）年大法廷判決

(A)　概要　二〇一四年一二月一四日に行われた衆院選（最大較差は二・一二九倍（一：〇・四七票））が憲法に違反するかどうかを争った裁判である。国民の主権者意識の高まりを受けて、今回から二九五の全選挙区から訴訟が起こされた。高裁判決の結果は、合憲判決が二件、違憲状態判決一一件、違憲・違法判決（事情判決）が一件であった。

最高裁判所大法廷は、二〇一五（平成二七）年一一月二五日、違憲状態判決を示した[*11]。内容は二〇一三年大法廷判決と同様、憲法の投票価値の平等の要求に反する状態にあったが、合理的期間内における是正がされなかったとはいえないとした。

(B)　コメント　本判決には、三つの反対意見が付された。

鬼丸裁判官反対意見が事情判決、木内裁判官反対意見が選挙区の一部違憲無効を主張するのに対し、大橋裁判官からは、「本件選挙は本判決確定後六か月経過後に無効とするのが相当である」とする将来効判決が示された。

確かに、本選挙では、最大較差が二・四二五倍から二・一二九倍に、較差二倍以上の選挙区は七二選挙区から一三選挙区に減っている。しかし、選挙制度の抜本的見直しを国会に求めた二〇一一年大法廷判決から三年八カ月が経過していることに鑑みれば、一人別枠方式の構造的な問題点を解決して新しい選挙区割りを作成するに足りる時間があったはずであり、合理的期間は既に経過していたというべきであった。

この点について判決は、「憲法の予定している司法権と立法権との関係」について、選挙制度の是正方法は国会が幅広い裁量権をもつとし、したがって合憲性判断にあたっても、単に期間の長短だけでなく、是正措置の内容や要検討事項等諸般の事情を総合考慮して判断すべきだとする。

しかし、一方で、司法権と立法権の関係性について司法が立法に委ねる前提は、立法府が民主的正統性のある国会議員により構成される国会であるところにある。現状の国会は、投票価値の不平等選挙で選ばれた民主的正統性がない国会議員によって構成されている以上、そもそも「司法権と立法権の関係性」という前提に固執する必要はない。他方で裁判所には、司法権の担い手としてだけではなく、違憲審査権を行使して、立憲主義、法の支配を貫徹させていく役割が期待されているのだから、「関係性」に問題がある場面では、その役割を積極的に果たすことが期待される。

その期待に応えずに、自浄能力のない国会に司法が迎合し続ければ、司法に対する国民の信頼は失われ、裁判所は戦前のような二流官庁に成り下がってしまう。国民の主権者意識が高まってきているからこそ、今回、二九五の全選挙区で原告が立ったのであり、そのような国民の期待と信頼に応えるかたちで、立憲主義の唯一の擁護者である裁判所にその責務を果たして欲しいところであった。

●四● 主権者として何をなすべきか

二〇一五年九月一九日に新安保法制法が強行採決によって成立したとされる。しかし、このような国柄を変える法律の議論は民主的正統性のある国会において十分になされなければならない最も重要な案件のはずである。多くの識者が指摘するようにこの新安保法制法は違憲である。現在、全国で安保法制違憲訴訟が提訴されているが、仮に裁判所が、この問題に関して明確な違憲判断をせずに、これまで最高裁が繰り返し違憲状態と判断してきた選挙によって選出された議員からなる国会にその判断を委ねてしまったとしたなら、それは完全に司法の自己否定である。泉徳治元最高裁判事も以下のように述べて、一人一票が実現していない現在の国会に安保法制などを採決する資格がないと断じている。[*12]

「国会が『全国民を代表する選挙された議員』で組織されているかどうかを審査するのは最高裁です。…最高裁は、一日も早く、国会に対し、一人一票となるように議員定数の配分を是正するよう命じるべきです。もし、私が野党議員として、先ほどの安全保障関連法案の質疑に立ったとすれば、与党に対し、議員定数配分規定を改正した上で国会を解散し、安全保障関連法案を明確な争点に掲げて国民の賛否を問えと迫りました。自分たちの利害を優先して一人一票も実現できないような国会であれば、国民全体の生命身体財産に直接関係するような法案を採決する資格がないと思います。」

さらに二〇一六年一一月から、いわゆる改憲勢力が衆参ともに三分の二を超えたとされる国会の憲法審査会において改憲の議論も始まった。たしかに憲法は、改正の発議権を国会に認めている（九六条一項）。しかし、現在の国会議員は衆参とも、投票価値の不平等選挙で選ばれた民主的正統性がない国会議員によって構成されている。そんな無資格者が集まった国会に改憲の発議権はない。まずは人口比例選挙を実現して、民主的正統性が確保された代表者による国会に是正することが、何よりも優先されなければならない。

では、どうすれば人口比例選挙を実現できるか。

第一の方法は、選挙を通じた実現方法である。

選挙は、憲法の価値を政治に活かす最も重要な仕組みである。選挙無効の判決を裁判で勝ち取ることと、国民が選挙を通じて一人一票の実現に積極的な議員を選ぶこととは、車の両輪にあたる。最高裁判所は、人口比例選挙を認めるには至っていないものの、幸い、投票価値の平等に則した選

*12 泉徳治ほか著『一歩前へ出る司法』（日本評論社、2017年）279頁。

*13　2009（平成21）年８月30日の国民審査では、一人一票に消極的な二判事の不信任率は各々、7.73%、7.45%となり、用紙の先頭に名前が書かれた判事を含めた他の判事は軒並み６%台であった。2012（平成24）年12月16日の国民審査では、10名全員を消極的な判事と広告を打ったところ、前回よりも不信任率は上昇し、全員が８%前後となった。

挙制度改革を国会に積極的に求めるようになってきた。その国会を構成する議員を選ぶのが選挙である。現状の仕組みは投票価値の不平等の問題はあるにせよ、政権交代を起こさせる程度の変革は可能だったのだから、一人一票実現に前向きな議員で国会の過半数を占めることは不可能ではない。

第二の方法は、最高裁判所裁判官の国民審査である。

最高裁判所が人口比例判決を下すためには、そのことに後ろ向きな最高裁判事を解職する必要がある。最高裁判事の人事は内閣が行うが（憲法六条二項、七九条一項）、それが民意に適っているかどうかをチェックするのが、最高裁判所裁判官の国民審査である（七九条二～四項）。任命後、初めて行われる衆議院議員総選挙の際に、有権者が不適切と考える裁判官に×をつけ、それが過半数に達すれば解職される制度である。

国民審査には選挙のように区割りがないため、一票の不平等は問題にならない点で、民主的に優れた制度である。そもそも一人一票を積極的に肯定しない裁判官は、民主主義国家の最高裁判事としての適格がないのだから、公務員選定罷免権をもつ国民は（憲法一五条一項）、積極的にこの制度を活用する責務を負うというべきである（憲法一二条）。

ただ、この制度は、審査対象になった裁判官の情報が国民に十分に提供されずに運用されてきた。そのため、投票所で用紙を渡されても、多くの人が何も書かずに投票し、形骸化してきた。そこで私たち一人一票実現国民会議は、国民審査の際に、一人一票の実現に消極的な裁判官が誰かを新聞広告で明確化してきた。

従来であれば、せいぜい、用紙の先頭に名前が書かれてある裁判官に付される×が最も多かったが、この広告活動以降、一人一票の実現に消極的な裁判官に付される×が、他の裁判官を上回る結果となった。[*13]

たしかに、裁判官が解職されるためには、過半数の不信任が必要であり、そこに至るにはかなりの道のりがある。しかし、意見広告と不信任率との関連性をみると、国民投票制度が活用されてこなかった原因が情報不足にあることはたしかである。「国民審査権は参政権である」「どの判事が一人一票に賛成していないのか」この二点を有権者が知れば、国民審査によって過半数の×がつくことは十分にあり得ると思っている。

●五● 憲法改正国民投票法について

改憲手続きの在り方に関連し、現行の憲法改正国民投票法の問題点について付言する。

問題の第一は、最低投票率の定めがないことである。現状では、たとえば投票率四〇%であれば、有権者の約二割の賛成で憲法が改正されてしまう。主権者の一部しか承認していないものが改正憲法として成立したとしても、そこに国民を統合する力は乏しいだろう。

第二は、改憲の発議後、国民投票までの期間に行われる国民投票運動に関する。少なくとも三つの問題がある。

①投票の一五日以前まではテレビコマーシャルがやりたい放題であること。

②投票日の一四日以内であっても、有名人やアイドルなどに「自分は賛成です」と語らせることは自由であること。賛否の勧誘ではないからである。

③雑誌、新聞広告なども資金力にものを言わせた後方活動が自由であること。規制されているのはテレビ・ラジオの広告にとどまるからである。洗脳に近い効果を持つテレビコマーシャルの禁止、広告資金の上限の設定などが求められる。

この法律には、このような大きな問題点が残されており、改憲の議論をするのであればまず、それを解決しなければならない。そのためには、国民が選挙を通じて、同様の問題意識を共有する議員を国会に送り込み、過半数を占めるようにする必要がある。こうした改憲手続法の問題も、改憲を議論する国会の構成員を主権者から正当に選挙された代表にすることと並んで、その結果に正統性を与える重要な課題であると考える。

●むすび●

本稿で十分に触れなかった安保法制の違憲性を含め、一人一票の実現、憲法改正の各問題は、選挙権、国民審査権、国民投票権を通じて国民自身が能動的にその権利を行使することで初めて、そこに憲法価値を活かすことができるようになる。私たちは、大きな視点で憲法を捉えながら、政治の動きを批判的に考え、その力をもって、主権者が主権者として権利を適切に行使することが求められている。そしてそれこそが、今を生きる私たちが主権者として負う、次の世代への責任だと考える。

【執筆者一覧（50音順）】

伊藤　真（いとう・まこと）法学館憲法研究所所長、弁護士 ……………………（終　章）
浦部法穂（うらべ・のりほ）法学館憲法研究所顧問、神戸大学名誉教授 ……（対談、第六章）
木下智史（きのした・さとし）関西大学教授 ……………………………………（第一章）
白取祐司（しらとり・ゆうじ）神奈川大学教授 …………………………………（第五章）
白藤博行（しらふじ・ひろゆき）専修大学教授 …………………………………（第三章）
水島朝穂（みずしま・あさほ）法学館憲法研究所研究員、早稲田大学教授……（第二章）
村井敏邦（むらい・としくに）法学館憲法研究所研究員、一橋大学名誉教授 ……（第四章）
森　英樹（もり・ひでき）法学館憲法研究所研究員、名古屋大学名誉教授……（対談、第七章）

（編者紹介）法学館憲法研究所

一人ひとりの生命が輝く個人の尊厳こそ一番大切な価値であるとし、国民主権、基本的人権の尊重と平和主義を高らかにうたう日本国憲法の理念・精神を研究し、広く社会にひろげるため、2002年11月3日、法学館憲法研究所は設立されました。

法学館憲法研究所は、非政府組織の研究機関として自由な研究活動をすすめるとともに、日本国民及び諸外国の方々に日本国憲法についての研究成果と情報を発信していきます。

法学館憲法研究所所長　伊藤　真

日本国憲法の核心
――改憲ではなく、憲法を活かすために

発行年月日　2017年5月3日　第1版第1刷発行

編者　法学館憲法研究所

発行者　串崎　浩

発行所　株式会社日本評論社

〒170―8474

東京都豊島区南大塚3―12―4

電話03―3987―8621（販売）8592（編集）

振替00100―3―16

https://www.nippyo.co.jp

印刷　精文堂印刷株式会社

製本　株式会社難波製本

製作　ギンゾウ工房

装幀　百駱駝工房

Printed in Japan

ISBN978-4-535-52245-9